E.J. AGOSTI

# Guidato dal Destino

*Lezioni di Vita Da Leggende della Formula 1*

*Illustrator: Lauren Ketchell, U.K.*

# Indice

# Prologo: Il Giro di Formazione.

Il ruggito dei motori. L'odore di gomma bruciata nell'aria. L'emozione di vedere una macchina veloce sfrecciare a una velocità mozzafiato. Questi sono i momenti che hanno catturato la mia immaginazione, portandomi in un mondo dove si creano eroi, si distruggono sogni e ogni secondo conta. L'intensità di una gara di Formula 1 è incomparabile. L'attesa quando le luci si spengono, il rumore assordante di 20 auto che scattano in avanti, e la precisione di ogni manovra: tutto crea un'atmosfera unica di tensione, emozione e adrenalina.

È questo margine di pericolo che alimenta l'adrenalina. Mentre le auto sfrecciano attraverso curve strette a centinaia di miglia all'ora, i piloti camminano su un filo sottile tra controllo e caos. Il più piccolo errore può avere conseguenze catastrofiche, ma è proprio questo rischio che rende lo sport così emozionante.

Sentire la morte così vicina e sapere che ogni decisione potrebbe essere l'ultima è un forte promemoria di cosa significhi essere veramente vivi. È in questi momenti di alta pressione che si rivela il carattere di una persona e nascono le leggende.

Sono rimasto affascinato dai piloti - la loro dedizione, le loro lotte e le virtù che incarnano. Non si trattava solo delle gare che hanno vinto o dei record che hanno infranto. Si trattava dei loro viaggi, dei contrattempi che hanno affrontato e del modo in cui hanno spinto avanti quando sembrava impossibile. Ogni pilota ha una storia unica, ma tutti condividono un filo comune: la capacità di trasformare l'avversità in forza.

Prendiamo, per esempio, Juan Manuel Fangio. Non era solo un campione del mondo cinque volte - era un simbolo di resilienza. La carriera di Fangio ha attraversato un'epoca difficile, segnata da una feroce competizione e da una perdita personale. Eppure ha continuato, rimbalzando da infortuni e contrattempi. La sua storia mi ha insegnato che la resilienza è più che sopravvivere alle difficoltà - si tratta di usare quelle difficoltà per alimentare la tua determinazione e continuare ad andare avanti.

O considera Ayrton Senna, la cui determinazione in pista era ineguagliabile. Il suo focus, intensità e determinazione lo hanno reso una leggenda. Ma non era soltanto la sua abilità alla guida a ispirarmi, bensì la sua passione per lo sport e il suo impegno a renderlo più sicuro per tutti. La tragica morte di Senna nel 1994 è stata un punto di svolta per la Formula 1, portando a significativi cambiamenti di sicurezza. Il suo lascito è un potente promemoria che la determinazione di una persona può portare a un cambiamento significativo.

La dedizione di Bruce McLaren all'innovazione e al gioco di squadra è stata un'altra fonte d'ispirazione. Nonostante abbia affrontato le sue sfide, McLaren ha costruito una squadra che è diventata un punto fermo nella storia della Formula 1. La sua aneddoto rivela il potere della collaborazione e come riunire le persone giuste può portare a risultati notevoli.

Michael Schumacher, il sette volte campione del mondo, ha mostrato un leadership e una dominanza senza pari. Il suo successo alla Ferrari nei primi anni 2000 è stato un attestato della sua abilità e determinazione. La capacità di Schumacher di radunare la sua squadra e spingerli a nuove altezze è stata una lezione magistrale di leadership e pensiero strategico.

Il percorso di Fernando Alonso è una storia di umiltà e costante miglioramento. Nonostante sia un due volte campione del mondo, la carriera di Alonso è stata segnata da alti e bassi. Il suo impegno instancabile per lo sport e la sua umiltà di fronte alle avversità lo hanno reso una figura rispettata nella comunità della Formula 1.

La perseveranza di Lewis Hamilton di fronte all'avversità è leggendaria. Essendo il primo pilota nero a vincere un campionato di Formula 1, Hamilton ha dovuto affrontare sfide uniche. Eppure, ha perseverato, infrangendo record e utilizzando la sua piattaforma per promuovere la diversità e l'inclusione nello sport. Il suo percorso è una testimonianza del potere della perseveranza e dell'impatto che può avere sul mondo.

Anche i team principal, come Toto Wolff, hanno giocato un ruolo nel plasmare la mia prospettiva. Il suo approccio strategico alla gestione del team e la volontà di correre rischi, anche quando non hanno sempre dato i risultati sperati, hanno dimostrato l'importanza dell'audacia nella ricerca del successo. La scommessa di Wolff con il veicolo W13 del 2022 - un rischio che alla fine non ha funzionato - mi ha ricordato che il successo in qualsiasi campo comporta sia rischio che incertezza.

Carlos Sainz Jr., noto per la sua costante dedizione al team, dimostra che la lealtà non riguarda solo il restare, ma anche il rimboccarsi le maniche, soprattutto nei momenti difficili. La sua carriera è una testimonianza del valore della perseveranza e dell'impegno, che tu sia sotto i riflettori o che lavori tranquillamente dietro le quinte. Il suo approccio allo sport mi ha insegnato l'importanza di restare fedeli ai propri valori e di sostenere chi crede in te. Il suo viaggio mi ha ispirato a capire che la lealtà è una forza motrice che può spingerti più lontano di quanto immagini.

D'altra parte, l'approccio disciplinato di Max Verstappen alla corsa dimostra come una mentalità strutturata possa portare al successo. Nonostante la giovane età, l'attenzione rigorosa di Verstappen ai suoi obiettivi e la sua incessante ricerca dell'eccellenza sono qualità da cui chiunque può imparare. Mi ha mostrato che la disciplina non riguarda routine rigide - si tratta di coltivare una mentalità che ti permette di adattarti e migliorare continuamente. Il suo complesso rapporto con suo padre, che è stato sia un mentore che una presenza impegnativa, sottolinea l'importanza di imparare da ogni esperienza e di sfruttarla per diventare più forte.

Attraverso queste storie, ho trovato ispirazione e guida per il mio percorso. Ho visto come questi personaggi hanno navigato le sfide, superato gli ostacoli e sono diventati icone nel mondo della Formula 1. Volevo condividere queste storie perché credo che contengano preziose lezioni per chiunque si sforzi di raggiungere i propri obiettivi. Che tu stia perseguendo una carriera, inseguendo un sogno, o semplicemente cercando di essere la migliore versione di te stesso, c'è qualcosa da imparare da queste persone notevoli. Quindi, unisciti a me nell'esplorare il mondo ad alta velocità della Formula 1 attraverso la lente dei suoi personaggi più iconici. Insieme, scopriremo le virtù e le lezioni di vita che hanno spinto queste persone alla grandezza. Mentre leggi le loro storie, spero che troverai ispirazione, motivazione e forse anche qualche nuova intuizione da portare con te nel tuo viaggio.

Immergiamoci e vediamo cosa possiamo imparare dalle leggende del motorsport più prestigioso del mondo.

# Juan Manuel Fangio - Resilienza

La resilienza. È una parola che ha un profondo significato, specialmente quando hai affrontato una sfida che sembrava insormontabile. Ricordo un momento della mia vita in cui sentivo che tutto stava crollando, quando il cammino davanti me sembrava incerto e pieno di ostacoli

È stato durante questo periodo che ho imparato il vero valore della resilienza, la forza silenziosa ma potente che ti fa andare avanti, anache quando ogni istinto ti dice di arrenderti. Questo mio viaggio personale è stato pieno di contrattempi e delusioni, ma è stato anche il luogo in cui ho scoperto una determinazione interiore che non sapevo di avere.

Riflettendo su quel periodo della mia vita, non posso fare a meno di pensare al mondo della Formula 1. È un regno dove la resilienza non è solo un tratto personale, è una competenza di sopravvivenza critica. La velocità intensa, la concorrenza incessante, i rischi - ogni momento in pista è un test di temperamento e resistenza. I piloti devono essere costantemente sul filo del rasoio e pienamente consapevoli che un solo errore potrebbe significare un disastro. Eppure, in questo ambiente ad alto ottano, certe figure si distinguono per la loro resilienza instancabile e la loro capacità di affrontare l'avversità a testa alta e uscirne vincitori.

Juan Manuel Fangio è una di queste figure. Conosciuto come 'El Chueco', l'argentino è entrato in Formula 1 provenendo da un background che molti in Europa avrebbero potuto respingere. Come pilota sudamericano, Fangio ha dovuto affrontare stereotipi e pregiudizi sulle sue abilità e capacità, per non parlare dello svantaggio economico abissale. Nonostante il suo indubbio talento, spesso era guardato con scetticismo, come se il suo background lo rendesse meno degno di successo. Eppure "El Chueco" aveva qualcosa che non poteva essere negato: uno spirito indomabile e una spinta incessante a dimostrare se stesso.

Nel mondo del motorsport, dove precisione e velocità sono tutto, il viaggio di Fangio è stato tutt'altro che lineare. La sua strada verso il successo è stata lastricata di difficoltà e sfide, ma lui non ha mai vacillato. Ha affrontato la concorrenza intensa, la pressione e il pericolo costante con un atteggiamento calmo e una feroce determinazione. La sua resilienza è diventata un marchio di fabbrica della sua carriera, portandolo a diventare uno dei piloti più vincenti nella storia della Formula 1.

La sua storia è una testimonianza del potere della resilienza, dell'idea che non importa da dove vieni o cosa affronti, puoi raggiungere la grandezza se rifiuti di arrenderti. Il suo viaggio serve da fonte di ispirazione per chiunque si sia mai sentito sottovalutato o fuori posto, dimostrando che la resilienza può trasformare l'impossibile in realtà.

# Dalle stracci alle piste

Dal seno di una famiglia di immigrati italiani, nacque una leggenda a Balcarce, nella provincia di Buenos Aires, il 24 giugno 1911. Juan Manuel era il quarto figlio di Loreto Fangio e Herminia Déramo. La giovane coppia italiana si incontrò in Argentina dopo che le loro famiglie si trasferirono nel sud globale per sfuggire all'instabilità e alla guerra incipiente che incombeva sull'Europa all'inizio di quel secolo.

Loreto lavorava nell'edilizia. Con una personalità sicura ma rigorosa, insegnò ai suoi figli i mestieri del tempo per garantire il loro futuro (Museo Juan Manuel Fangio, n.d.).

Juan Manuel non voleva essere un muratore ma aiutava suo padre nel suo tempo libero fuori dalla scuola. Loreto, che vide nel suo figlio un grande talento e abilità con le mani, decise di portare il piccolo Juan Manuel, allora di 9 anni, a lavorare nella bottega del fabbro del suo amico Francisco, dove venivano servite le carrozze della zona e venivano realizzati tutti i tipi di mestieri e forgiatura del metallo.

A 10 anni, Juan Manuel Fangio frequentava il turno pomeridiano alla scuola di Balcarce e dedicava le mattine a lavorare in officina. Si assicurava di arrivare presto ogni mattina per spostare una Panhard Levassor a catena. Si sarebbe messo sulla maniglia di avviamento e l'avrebbe avviata. Poi avrebbe fatto retromarcia per pulire il pavimento e l'avrebbe rimessa al suo posto. Avrebbe ripetuto l'operazione diverse volte divertito dai rudimenti della guida di un'auto, la prima che avesse mai avuto tra le mani.

La scintilla di "El Chueco" si accese. Il ragazzo della periferia di Buenos Aires ebbe il suo primo contatto con il suo destino.

Un anno dopo, iniziò a lavorare presso la concessionaria di auto di Don Carlini, un concessionario di auto della zona. Con lui, imparò a guidare correttamente perché Carlini gli chiedeva di guidare il suo camion quando andava a caccia. Andavano anche in giro per la zona a riparare macchinari agricoli e a volte permetteva a Juan Manuel di guidare.

Affamato di conoscenza, il giovane Juan Manuel lasciò il suo primo mentore per accettare l'offerta di un meccanico Ford, che lo invitò a lavorare e a imparare con lui nell'officina locale.

Il meccanico Guillermo Spain lo guidò attraverso le parti del motore. All'età di 13 anni, Juan Manuel iniziò a lavorare come assistente meccanico nell'officina di Miguel Viggiano, un rinomato pilota locale.

L'anno era il 1927, e il giovane Fangio divenne un abile meccanico. Il destino bussa alla sua porta ancora una volta. Questa volta, come parte del suo stipendio, ricevette una macchina Overland a quattro cilindri. "El Chueco" è assetato di velocità (TN Deportivo, 2022).

Ricondizionò l'auto per prepararla per le piste. Ma il suo debutto impiegò altri due anni ad arrivare. Ammalatosi di pleurite all'età di 16 anni, dovette riposare per quasi un anno intero.

Prima di mettersi in pista per farsi un nome, Juan Manuel Fangio provò anche altri sport. Giocò a calcio per il Rivadavia Club, distinguendosi per la sua agilità e i suoi riflessi.

Nel 1929, mentre godeva di una salute ottimale, il giovane Fangio incontrò Manuel Ayerza, un pilota locale nell'officina e lo aiutò a preparare la sua Chevrolet del 1928 per la prossima gara. Ayerza vide in lui un talento unico e un'eloquenza e lo invitò a fargli da scorta in gara, questo fu il debutto della stella argentina nel mondo dei motori.

Era il 1932, e a 21 anni, Juan Manuel sognava in grande. Voleva correre in tutto il mondo. Ma sembrava impossibile lasciare quella polverosa e grigia Balcarce. Fu allora che nacque l'idea di allestire un'officina con il suo amico José Duffard. In quei giorni, avevano alcuni clienti e avrebbero riparato le loro auto a casa loro. Don Loreto gli offrì un pezzo di terra accanto alla sua casa, e lì costruirono un'officina. Alcuni vecchi telai di auto venivano utilizzati come travi nell'officina; le lamiere di zinco, che avrebbero "preso" di notte da una casa abbandonata in campagna, venivano utilizzate per costruire il tetto. Un amico che faceva falegnameria, insieme a Juan Manuel e José Duffard, scavò la fossa per l'officina con pavimento in terra. Altri raccolsero 80 pesos per comprare gli attrezzi. Un amico del calcio, Francisco Cavallotti, si unì all'officina e contribuì con un vecchio camion come capitale.

Il 25 ottobre 1936, il suo destino fu sigillato: Fangio debuttò come pilota con lo pseudonimo di "Rivadavia" in una Ford Model A blu del 1929 n. 19, che funzionava come taxi ed era di proprietà del padre di un suo amico. Dovettero abbandonare la gara mentre erano terzi con due giri da fare a causa di un guasto tecnico, la Ford era più un cavallo da lavoro che un cavallo da battaglia.

Gli anni passavano e l'officina di "El Chueco" cresceva. Anche lui fece della sua carriera da pilota. Era ben conosciuto sul circuito locale per la sua astuzia e il suo coraggio in pista, ma finiva sempre squalificato o non completava i giri per motivi tecnici. Aveva bisogno di una buona macchina che gli permettesse di mostrare di cosa era fatto. Ma in un mondo tormentato dalla guerra e con l'Argentina in pieno sviluppo industriale, non c'erano risorse sufficienti.

Siamo nel 1940. Juan Manuel ha 29 anni. A volte, passeggiava per la sua officina e vedeva un bullone per terra. Lo calciava e fingeva di essere il campione della Lega di Calcio Argentina e indossava una maglia Rivadavia. Era già troppo vecchio per essere un campione in qualcosa? Era quel destino riservato solo ai figli dei rancheros che indossavano camicie bianche e possedevano le costose auto che le sue mani unte riparavano? Una di queste volte, abbassò lo sguardo e vide alcune auto danneggiate che avevano bisogno della sua attenzione. E in quel momento, ne fu certo: sarebbe divantato un campione mondiale di motorsport.

Nell'ottobre di quell'anno, ebbe un'opportunità unica: correre sul circuito di motorsport più importante del Sud America, il Gran Turismo Carretera.

Dopo 9.500 km di competizione attraverso Argentina, Bolivia e Perù, vinse la sua prima gara. Fu il Gran Premio Internazionale del Nord, Buenos Aires-Lima-Buenos Aires, in cui corse accompagnato dal suo amico H. Tieri in una Chevrolet verde del 1940 che mostrava un numero

11

bianco 26. Così, quell'anno divenne Campione Argentino di Turismo Stradale.

L'anno successivo, difese e rinnovò il suo titolo e ottenne la sua prima vittoria all'estero: sconfiggendo l'ambasciatore Ford Oscar Gálvez su suolo brasiliano (TN Deportivo, 2022).

Ma poi tutto si fermò. La guerra stava devastando il mondo, e né Juan Manuel né nessun altro sapeva cosa sarebbe accaduto. Ancora una volta, il destino si presentava incerto.

Fu solo nel 1946, mentre la polvere della guerra si depositava, che l'attività meccanica riprese nel sud globale e Juan Manuel tornò in pista.

Il giovane Chueco sognava di nuovo di correre in una Coppa del Mondo e di diventare Campione.

## Trionfi e Prove

Tutti gli occhi erano su di lui: la promessa. Gara dopo gara, dimostrava il suo dominio in pista e la sua immensa umiltà fuori.

Era l'anno 1948 quando il team francese Naphtha Course ripose la sua fiducia nel giovane Juan Manuel e gli affidò una Maserati 4CL 1500 per correre il circuito di Palermo. Con le stesse mani che spazzavano il pavimento dell'officina di suo padre, ora guidava una vera macchina da Gran Premio.

Quell'anno fu il primo di molti successi, con vittorie e applausi per il ragazzo di Balcarce, il cui nome iniziava a risuonare nelle orecchie europee.

A luglio, partì per un viaggio di studio negli Stati Uniti e in Europa, visitando fabbriche e circuiti con altri piloti e direttori dell'Automobile Club argentino.

In Francia, Amadeo Gordini lo invitò a competere con una Simca-Gordini a Reims. Fu il suo debutto nelle gare di Gran Premio in Europa, e anche se la sua performance non fu eccellente come al solito, fu abbastanza buona da attirare l'attenzione dei proprietari di alcuni dei team più importanti del mondo.

Spinto più dal sogno del ragazzo di Balcarce che dall'ambizione del pilota, Juan Manuel si trasferì in Italia con il suo suo team, "Aquiles Varzi". Durante quella stagione, partecipò a 10 gare e ne vinse 6. Quando tornò nel suo paese natale, ricevette applausi e menzioni di ogni tipo (Museo Juan Manuel Fangio, n.d.).

Era il 1950, e ebbe l'opportunità di firmare un contratto con Alfa Romeo dopo aver testato una delle sue auto in una gara in cui divenne campione. Difendendo l'onore del team, il ragazzo di Balcarce gareggiò nel suo primo campionato mondiale di Formula 1.

Quel primo Mondiale gli presentò una dura realtà. Non ottenne punti e logorò la macchina nelle qualifiche. I suoi compagni di squadra e rivali europei sembravano padroneggiare più tecniche e risolvere meglio le situazioni rispetto a lui. La sua attrezzatura meccanica era buona quanto la loro e la sua auto non aveva nulla da invidiare alle altre squadre in competizione. Ma per qualche ragione, Juan Manuel era fermo.

A volte, "El Chueco" pensava addirittura che forse i piloti italiani che lo deridevano chiamandolo il "falso italiano" o il "sudaca" non avevano torto sulle sue capacità. Forse era il migliore in Argentina ma non poteva confrontarsi con l'élite mondiale.

Che lo conoscevano dicevao che Fangio era un uomo tranquillo, umile, con un umorismo sottile e perspicace. Non beveva né fumava e nonostante la sua reputazione e il suo bell'aspetto, era piuttosto timido con le donne. Dicono che quello che aveva da dire, lo diceva in pista, senza dire una parola. Era un uomo di fatti.

I fatti parlavano per lui nel 1951. Iniziò la sua seconda stagione per il Campionato del Mondo in una Alfa Romeo 159 e trionfò nel Gran Premio di Svizzera a Berna il 27 maggio, nel Gran Premio d'Europa a Reims il 1° luglio, e nel Gran Premio di Spagna al circuito di Pedralbes a Barcellona il 28 ottobre. Lì, conquistò il suo primo Campionato dei Piloti, il suo primo titolo di Campione del Mondo.

Era febbraio 1952. Mercedes-Benz riconobbe il suo talento e lo nominò concessionario del marchio. Questo era un onore riservato solo a coloro che rappresentavano i valori di eccellenza e prestazioni che il marchio tedesco iconico cercava. Questo riconoscimento della sua maestria e dedizione rifletteva la sua crescente popolarità e rispetto nel mondo dei motori.

Nella sua natia Argentina, Fangio continuò la sua striscia vincente. Il 9 marzo, vinse il Premio Presidente Perón, e una settimana dopo, il 16 marzo, il Premio Eva Perón. Queste vittorie lo riaffermarono come un eroe nazionale, una figura che ispirava molti con il suo coraggio e la sua abilità. Fangio non era solo un pilota eccezionale, ma anche un simbolo di orgoglio per il suo paese.

Il successo attraversò i confini fino all'Uruguay, dove il 23 e il 30 marzo, Fangio ottenne vittorie al circuito di Piriápolis. Queste gare, tutte in una Ferrari 125, dimostrarono la sua adattabilità e la sua capacità di vincere in condizioni diverse e contro una varietà di avversari.

Il 7 giugno, Fangio gareggiò in Irlanda in una BRM, ma il suo itinerario lo portò in Italia per una competizione a Monza l'8 giugno, questa volta in una Maserati. Il viaggio fu estenuante, gran parte del quale fece da solo in auto, arrivando solo poche ore prima della gara. Durante il terzo giro, nella pericolosa curva Lesmo, Fangio subì un grave incidente. L'impatto fu così grave che lo lasciò ricoverato in ospedale per quasi quattro mesi, un periodo di incertezza e dolore per lui e per i suoi fan (Museo Juan Manuel Fangio, n.d.).

Il mondo dei motori sembrava andare avanti senza di lui, e furono fatte dure osservazioni che suggerivano che il suo momento di gloria fosse passato. Tuttavia, Fangio era un uomo di determinazione incrollabile, e il suo cuore bruciava con il desiderio di tornare in cima.

All'inizio del 1954, Fangio iniziò la sua ripresa correndo una Maserati 250F e ottenendo risultati solidi. Il 17 gennaio, vinse il Gran Premio della Repubblica Argentina e dimostrò che la sua abilità non era diminuita nonostante il tempo di inattività. Poi, il 20 giugno, vinse il Gran Premio del Belgio all'iconico circuito di Spa-Francorchamps. Queste vittorie non erano solo una testimonianza del suo talento innato, ma servivano anche a riaffermare il suo posto nello sport.

Quello stesso anno, Fangio firmò un contratto con Mercedes-Benz, una mossa che avrebbe cambiato il corso della sua carriera e quello dei motori. Con la potente "Freccia d'Argento" W196, il pilota argentino iniziò a segnare punti nel Campionato del Mondo. Il suo debutto con

15

Mercedes-Benz fu impressionante e vinse il Gran Premio di Francia a Reims il 4 luglio. La forza di quella vittoria fu un messaggio per tutti coloro che dubitavano del suo ritorno.

Ma il ragazzo di Balcarce anelava a più gloria. Il 1° agosto, vinse il Gran Premio d'Europa al Nürburgring, uno dei circuiti più impegnativi del mondo. Continuò la sua striscia vincente al Gran Premio di Svizzera a Berna il 22 agosto e al Gran Premio d'Italia a Monza il 5 settembre. Queste vittorie successive mostravano ancora una volta il suo dominio.

Con queste prestazioni impressionanti, Fangio vinse il suo secondo Campionato del Mondo dei Piloti. Questo risultato, solo tre anni dopo un incidente che molti pensavano lo avrebbe tenuto permanentemente fuori pista, dimostrò la resilienza e lo spirito competitivo del pilota argentino.

Man mano che il campionato avanzava, Fangio continuava a mostrare la sua abilità e il suo talento. Il 14 luglio, vinse il Gran Premio di Gran Bretagna al circuito di Silverstone, uno dei circuiti più iconici del motorsport. La vittoria fu schiacciante e consolidò la sua posizione come uno dei favoriti. Il Gran Premio al Nürburgring del 4 agosto divenne leggendario.

Ma poi tutto si fermò. La guerra stava devastando il mondo, e né Juan Manuel né nessun altro sapeva cosa sarebbe accaduto. Ancora una volta, il destino si presentava incerto.

Fu solo nel 1946, mentre la polvere della guerra si depositava, che l'attività meccanica riprese nel sud globale e Juan Manuel tornò in pista.

Il giovane Chueco sognava di nuovo di correre in una Coppa del Mondo e di diventare Campio per il titolo mondiale.

Il 5 agosto, il pilota argentino gareggiò nel Gran Premio di Germania al Nürburgring, un circuito famoso per la sua difficoltà e le sue richieste tecniche. Fu su questo tracciato che Fangio dimostrò la sua esperienza e abilità, ottenendo un'altra vittoria con la Lancia-Ferrari D50. Con questa vittoria, consolidò la sua posizione nella classifica del campionato del mondo.

Il culmine arrivò il 2 settembre, al Gran Premio d'Italia al circuito di Monza. Fangio non solo doveva correre una gara impeccabile, ma necessitava anche di una strategia efficace per assicurarsi il quarto titolo mondiale. In un gesto di cameratismo e generosità, il pilota britannico Peter Collins, compagno di squadra di Fangio, gli cedette la sua macchina dopo che "El Chueco" aveva subito problemi meccanici. Con questo gesto, Fangio riuscì a qualificarsi secondo, il che gli permise di accumulare i punti necessari per vincere il quarto Campionato Mondiale Piloti.

Questo atto di cameratismo e il trionfo finale di Fangio dimostrarono che il motorsport è più di una semplice competizione e rivalità—è anche lavoro di squadra e rispetto reciproco. Il quarto titolo mondiale di Fangio con Ferrari consolidò il suo posto come uno dei più grandi piloti di tutti i tempi, e la sua capacità di adattarsi e avere successo, anche di fronte alle avversità, lo rese una leggenda vivente.

Nel 1957, Juan Manuel Fangio firmò un contratto con Maserati per correre con il modello 250F, e il suo dominio in Formula 1 continuò saldamente. Vinse quattro gare di qualificazione del Campionato Mondiale di F1, a partire dal Gran Premio d'Argentina del 13 gennaio. Fangio mostrò la sua maestria in ogni circuito, ma fu la sua vittoria .

Il Gran Premio al Nürburgring del 4 agosto divenne leggendario. In quella gara, Fangio batté i piloti Ferrari Peter Collins e Mike Hawthorn in un emozionante duello. Con queste vittorie, l'argentino conseguì il suo quinto e ultimo titolo di Campione del Mondo Piloti, un traguardo senza precedenti che cementò il suo posto tra i più grandi di tutti i tempi.

Nel 1958, Fangio vinse la sua ultima gara, il Gran Premio Ciudad de Buenos Aires, il 3 febbraio nella sua patria, prima di ritirarsi dalla Formula 1 il 6 luglio al circuito di Reims, il luogo dove aveva debuttato dieci anni prima. Fu un momento emozionante che aveva fatto il pieno giro per il pilota argentino. All'inizio di quell'anno, Fangio fu rapito a Cuba dal gruppo "26 de Julio", che gli impedì di correre nel Gran Premio di Cuba. Questa esperienza traumatica non solo segnò la fine della sua carriera da pilota, ma mise anche in evidenza i pericoli e le sfide che affrontava fuori dalla pista.

Gli anni dopo il suo ritiro furono pieni di tributi e riconoscimenti dal mondo del cinema, dell'arte e dei motori. Anche se ritirato dalle corse, Fangio rimase una figura iconica, una leggenda vivente. Tuttavia, la sua salute iniziò a deteriorarsi lentamente. Nel 1971, subì un attacco di cuore che lo tenne ricoverato in ospedale per settimane. L'anno successivo, subì una perdita personale con la morte di suo padre, Don Loreto, che era stato il suo eroe e mentore.

Nel 1982, all'età di 71 anni, Fangio subì un intervento chirurgico al cuore che lo lasciò in condizioni delicate, ma ciò non gli impedì di continuare a viaggiare per il mondo per assistere ai Gran Premi e accompagnare i nuovi piloti in pista. Nel 1992, all'età di 81 anni, subì un intervento chirurgico per rimuovere un tumore benigno, che influenzò il funzionamento dei suoi reni. Nonostante queste sfide,

Fangio continuò a mostrare il suo spirito indomabile, incontrando anche Ayrton Senna a Buenos Aires durante un evento sponsorizzato dal pilota brasiliano, dove entrambi espressero reciproca ammirazione e rispetto (Museo Juan Manuel Fangio, n.d.).

Nel 1995, la salute di Fangio continuò a deteriorarsi. Era sempre accompagnato dai suoi parenti più stretti, come la nipote Ruth Fangio, il nipote Roland Verdier, e la moglie Dolly. Negli ultimi giorni, fu brevemente ricoverato sotto l'occhio vigile dei più alti funzionari di Mercedes-Benz Argentina. Il 24 giugno, condivise il suo ultimo incontro con la famiglia e gli amici per festeggiare il suo compleanno . Meno di un mese dopo, il 15 luglio, l'influenza che si trasformò in polmonite lo costrinse ad essere ricoverato in una clinica di emergenza a causa di problemi respiratori.

Juan Manuel Fangio morì il lunedì 17 luglio alle 4:10 del mattino, circondato dall'affetto. I suoi resti furono sorvegliati da una guardia d'onore e velati nella Sala Bianca della Casa del Governo, l'Automobile Club Argentino, e il giorno successivo nel Museo di Balcarce. Il suo funerale riunì migliaia di persone, una testimonianza dell'impatto profondo che ebbe sul mondo dei motori e sulla società argentina del XX secolo, che lo adorava come un eroe della statura di Diego Maradona. Infine, i suoi resti furono portati nel pantheon di famiglia nel cimitero della sua città natale, insieme ai suoi genitori e fratelli defunti, realizzando il suo desiderio. Questo momento emozionante si verificò il 18 luglio, con una folla addolorata che rendeva omaggio a una leggenda che aveva lasciato un segno indelebile nella storia dei motori (Motorsport, 1995).

# Il Campione Resiliente

La vita di Juan Manuel Fangio è stata piena di momenti che avrebbero schiacciato uno spirito minore. Ma Fangio sapeva che la resilienza non consisteva solo nel resistere, ma neli'apprendere, neli'evolversi e nel trovare nuovi percorsi quando le porte si chiudevano. Il suo viaggio è pieno di storie che dimostrano che anche quando le probabilità sono contro di te, c'è sempre un modo per andare avanti.

Vorrei ora passare in rassegna il periodo di tempo che considero chiave nella sua vita: i primi giorni. Come abbiamo visto non è cresciuto con il classico cucchiaio d'argento. A Balcarce, una piccola città circondata da terreni agricoli, le opportunità erano scarse come le buone strade. Aveva un talento per le auto, ma guidarle era un lusso riservato all'élite. Fangio doveva accontentarsi di fare il copilota e guardare dal sedile del passeggero mentre altri prendevano il volante. Avrebbe potuto scoraggiarsi, ma invece, ha preso ogni momento come una lezione. Quando non stava aiutando con le riparazioni, osservava come funzionavano le auto, prestando attenzione a ogni dettaglio.

Era paziente nell'aspettare l'occasione per dimostrare se stesso e sapeva che anche se le auto non erano sue, la conoscenza che aveva acquisito lo era. E stata la sua capacità di apprendere da ogni situazione , che avrebbe poi definito il suo successo. Poi arrivò l'incidente a Monza nel 1952. Fangio aveva appena vinto il suo primo campionato del mondo e le aspettative erano alte. Ma come il destino avrebbe voluto, l'incidente lo lasciò con ferite che molti pensavano avrebbero posto fine alla sua carriera. L'élite europea, già scettica verso un pilota sudamericano, lo considero la fine del suo percorso. Ma il ragazzo di Balcarce non la vedeva così. Lo vide come una chiamata a dimostrare se stesso ancora una volta.

Quando tornò in pista, non stava solo gareggiando contro altri piloti, stava gareggiando contro i dubbi e le supposizioni che lo avevano seguito per tutta la sua carriera. Fu la sua resilienza a trasformare un devastante contrattempo in una delle più grandi storie di ritorno.

L'ultimo punto di svolta fu la decisione di Fangio di ritirarsi. Ci vuole un tipo diverso di resilienza per lasciare alle spalle una vita di successo e trionfo, per riconoscere che il tuo viaggio è giunto al termine. Molti lottano con l'idea del ritiro e si sentono persi e incerti su cosa verrà dopo, ma Fangio ha dimostrato che la resilienza significa anche sapere quando fare un passo indietro. Non si aggrappava al passato, nè cercava di riconquistare la gloria di un tempo. Al contrario, abbracciò la fine della sua carriera da pilota, concedendosi di esplorare nuovi orizzonti percorsi. Il viaggio di Fangio è un promemoria che la resilienza riguarda l'adattamento alle svolte della vita. Si tratta di trovare forza di fronte all'avversità, imparare dai contrattempi e sapere quando andare avanti. La sua storia ci ispira ad affrontare le nostre sfide con coraggio e determinazione, dimostrando che anche quando la strada sembra bloccata, c'è sempre un modo per andare avanti. Riflettendo sul suo duraturo retaggio in Formula 1, possiamo comprendere come la sua resilienza continui a ispirare le future generazioni di piloti, servendo da faro per chiunque si sforzi di raggiungere la propria versione del successo.

# Ayrton Senna - Determinazione

La determinazione è la tenace spinta a perseguire gli obiettivi nonostante gli ostacoli, i contrattempi e le sfide. È la passione ardente che ti spinge a andare avanti quando tutto il resto ti spinge a rinunciare. Questa virtù è ciò che separa il mediocre dal grande e il grande dal leggendario.

In pista, la determinazione è ciò che spinge i piloti a spingere i loro limiti, a continuare a cercare la perfezione e a non accettare mai nulla di meno del meglio.

Ayrton Senna è l'incarnazione di questo valore.

L'approccio di Senna alla corsa era caratterizzato dalla sua intensa concentrazione e feroce competitività, che sembravano contrastare con la sua umile e gentile personalità fuori dalla macchina. Fin dai suoi primi giorni nel karting, ha dimostrato un insaziabile desiderio di vincere e un rifiuto di arretrare di fronte a qualsiasi sfida. La sua determinazione non riguardava solo la vittoria delle gare, ma l'incessante ricerca dell'eccellenza e una performance tanto feroce quanto elegante. La spinta di Senna ad essere il migliore lo ha spinto a realizzare imprese straordinarie in Formula 1, guadagnandosi tre Campionati del Mondo e un'eredità che continua a ispirare piloti e fan. Attraverso la sua storia, vediamo come la determinazione porti invariabilmente al successo. Comprendendo il successo come un insieme di fattori che non si limitano al riconoscimento degli altri, ma alla certezza interna di aver conquistato e sconfitto se stesso ancora una volta.

# La Leggenda Emerge

La leggenda del motorsport brasiliano nacque in questo mondo il 21 marzo 1960, in un ospedale regionale nella tropicale São Paulo (Traducciones, 2021). Figlio di Milton da Silva, un uomo d'affari dell'automobile che possedeva terreni e fabbriche, e Neide Joanna Senna da Silva, che proveniva da una famiglia di origine italiana. Ayrton aveva una sorella maggiore, Viviane, e un fratello minore, Leonardo.

La casa in cui visse durante i suoi primi quattro anni era situata a meno di 330 piedi dal Campo de Marte, un luogo dove operavano il Parco Materiale Aeronautico e un aeroporto. All'età di 3 anni, Senna mostrò difficoltà motorie e aveva problemi a salire le scale.

Milton vide un'energia inesauribile in suo figlio. Forse è per questo che, quando Senna aveva 4 anni, gli costruì un kart fatto a mano, una macchina fatta con un motore di mietitrice di canna che raggiungeva quasi 40 mph. Per un bambino irrequieto e curioso come Senna, era più di un giocattolo, era l'inizio di qualcosa di straordinario.

Senna era un bambino atletico, e oltre al karting, eccelleva in ginnastica e in altri sport. All'età di 7 anni, imparò a guidare una Jeep nella fattoria di sua famiglia e a cambiare marcia senza usare la frizione. La famiglia lo chiamava affettuosamente "Beco", e anche se i suoi problemi motori persistevano, le sue abilità di guida erano notevoli. Così fu che il giovane Ayrton dimostrò presto la sua abilità al volante. Iniziò a guidare un kart professionale, sebbene senza competere ufficialmente. Fu all'età di 11 anni, sotto la pioggia, quando fece il suo primo giro su un circuito, e la sua abilità lasciò tutti stupiti. L'anno successivo, smontò il suo kart per capire come funzionava e come poteva renderlo più veloce, dimostrando una naturale inclinazione per la meccanica e una determinazione a perfezionare la sua tecnica. Questa precoce curiosità e dedizione indicavano che Senna non era solo un bambino che giocava con un kart, ma stava gia coltivando le abilità che lo avrebbero portato a diventare uno dei piloti più iconici della storia.

Senna mostrò anche la sua determinazione negli studi. Frequentò la Scuola Rio Branco nel quartiere Higienópolis di São Paulo e si laureò nel 1977, ottenendo buoni voti in fisica, matematica, chimica e inglese. Poi si iscrisse a un college specializzato in amministrazione aziendale ma abbandonò dopo tre mesi per concentrarsi sulla sua carriera da pilota (Traducciones, 2021). Sebbene ottenesse buoni risultati, il suo vero interesse era per la piste.

Quando Ayrton aveva solo 9 anni, suo padre gli comprò il suo primo kart, precedentemente di proprietà di Emerson Fittipaldi. Questo kart, pesante meno di 110 libbre e dotato di freni a disco idraulici, poteva raggiungere velocità superiori a 60 mph. La prima gara di Senna si svolse in un parcheggio a Campinas, dove gareggiò contro molti piloti più anziani tra i 18 e i 20 anni. Le posizioni di partenza venivano determinate estraendo a sorte, e Senna estrasse il numero uno, guadagnando la sua prima pole position. La sua corporatura esile e il peso leggero gli diedero un vantaggio iniziale, permettendogli di prendere la testa del gruppo. Tuttavia, dopo 15 giri, fu superato, e con solo 3 giri rimasti, si verificò un incidente sfortunato. Era al terzo posto quando un altro pilota fece contatto con la sua ruota posteriore, facendolo ribaltare. Quella era la sua prima gara di karting, che non riuscì a terminare.

Il 1° luglio 1973, Senna, all'età di 13 anni, era pronto per la sua prima gara ufficiale al Torneo Invernale di Interlagos, guidando il kart numero 42 (Senna, 2023). Vinse entrambe le sue gare in modo convincente, segnando l'inizio di una carriera notevole. Una settimana prima, suo padre aveva assunto Lucio Pascoal Gascon, un meccanico militare spagnolo soprannominato "Tchê", per essere il meccanico personale di Senna. Tchê aveva precedentemente lavorato con Fittipaldi e José Carlos Pace, e la sua collaborazione con Senna continuò per tutta la durata della carriera di Senna nel karting, accompagnandolo anche alla Formula Ford in Inghilterra.

In quella gara, nonostante fosse il pilota più giovane sulla griglia, dimostrò una straordinaria sicurezza e controllo. Durante la gara, Senna guidò la maggior parte del tempo, sfidando piloti molto più anziani e più esperti. Questo primo trionfo fu solo l'inizio di una carriera segnata dal successo e dalla determinazione.

Il giovane Senna dovette aspettare fino all'anno successivo, 1974, per vincere il suo primo grande campionato, il Campionato Paulista nella categoria junior (Senna, 2023). Quell'anno, gareggiò con il numero 42 e dimostrò di avere il talento per andare lontano.

L'anno successivo, Senna si laureò campione Paulista nella categoria 100 cm³ e vicecampione brasiliano, oltre a conquistare un eccezionale secondo posto nel Torneo Itacolomy nella categoria junior. Nel 1976, Ayrton si ripeté come campione Paulista, mantenendo il numero 42. Ottenne anche il terzo posto nel campionato brasiliano, vinse le Tre Ore di Karting, e fu vicecampione Paulista nella categoria 100 cm³.

Tuttavia, ciò che distingueva davvero Senna era la sua volontà di lavorare sodo e migliorare continuamente. Dopo aver perso una gara a causa della pioggia, trascorse diversi giorni a esercitarsi in quelle condizioni fino a perfezionare la sua tecnica. Questo livello di impegno e determinazione non era comune tra i piloti della sua età e rappresentò un passo cruciale nella sua carriera, permettendogli di dimostrare il suo talento e attirare l'attenzione di sponsor e team di Formula 1.

Così, i primi anni della sua carriera da pilota furono segnati da trionfi e conquiste. Con le sue abilità motorie già ben sviluppate, il giovane brasiliano sognava in grande e voleva diventare pilota di Formula 1.

La carriera di Senna nel karting fu impressionante. Nel 1977, vinse il Campionato Sudamericano di Karting e, tra il 1978 e il 1982, partecipò al Campionato del Mondo di Karting, classificandosi secondo in due occasioni. In questo periodo, ebbe come compagno di squadra Terry Fullerton, un pilota che Senna rispettava molto per la sua abilità e perché, nel karting, non c'erano la politica o i soldi che vedeva nelle competizioni maggiori. Per lui, quegli anni furono fondamentali per sviluppare le sue competenze e la sua capacità di guidare in condizioni avverse.

La determinazione di Senna lo portò a prendere decisioni audaci. A 18 anni, lasciò il Brasile per trasferirsi in Europa e competere nel Campionato del Mondo di Karting. Fu un salto rischioso, ma il giovane Ayrton sapeva che per essere il migliore doveva affrontare i migliori. Nel 1978, si unì al team italiano DAP, gareggiando nel campionato mondiale di karting e classificandosi secondo nel 1979 e nel 1980. Durante questi anni, Senna perfezionò la sua abilità di guidare sotto la pioggia, una qualità che lo avrebbe contraddistinto per tutta la sua carriera e mostrò una coerenza impressionante.

Nel 1981, Senna iniziò a competere nella Formula Ford 1600 britannica, vincendo il campionato nel suo primo anno. Sebbene questa categoria non fosse così conosciuta come la Formula 1, rappresentò un passo cruciale nella sua carriera, permettendogli di dimostrare il suo talento e attirare l'attenzione di sponsor e team di Formula. Durante questo periodo, Senna dovette affrontare sfide finanziarie e pressioni per unirsi all'azienda di famiglia. Ma la sua determinazione a continuare a correre lo portò a tornare in Inghilterra per partecipare alla Formula Ford 2000, dove vinse anche i campionati britannici ed europei nel 1982.

Dopo i suoi successi in Formula Ford, Senna passò alla Formula 3 britannica nel 1983, gareggiando con il team West Surrey Racing. Fu qui che Senna consolidò la sua reputazione come pilota eccezionale.

Dominò la prima metà del campionato ma affrontò una dura battaglia con Martin Brundle, che era destinato anche lui a raggiungere la Formula 1. Senna vinse il campionato nell'ultimo round, assicurandosi un posto tra i migliori giovani piloti d'Europa.

Questi successi in Formula Ford e Formula 3 gli procurarono l'opportunità di testare le auto di Formula 1 per team come Williams, McLaren, Brabham e Toleman. Sebbene non riuscisse a trovare un posto nei team più grandi, Senna debuttò in Formula 1 nel 1984 con il modesto team Toleman, dove il suo talento e la sua determinazione si rivelarono a tutti. Il suo ingresso in Formula 1 segnò l'inizio di una carriera che lo avrebbe portato a diventare una leggenda, ma la sua storia nel karting e nelle categorie minori mostrò che il successo è sempre costruito sulla base della determinazione e della passione per i motori.

# Alla Ricerca della Gloria

Dopo aver vinto cinque campionati britannici in soli tre anni, Ayrton abbandonò un futuro nell'azienda di suo padre e lasciò alle spalle un giovane matrimonio per perseguire il successo in Formula 1.

Nel 1984, il suo debutto in Formula 1 fu con il team Toleman, dove divenne compagno di squadra di Johnny Cecotto. Il debutto nel Campionato del Mondo della leggenda ebbe luogo al Gran Premio del Brasile del 1984, tenutosi nella sua terra natale. Nella sua prima gara, si qualificò 16° su 26, ma non riuscì a terminare (Donaldson, 2019). Tuttavia, nella gara successiva, il Gran Premio del Sud Africa a Kyalami, Senna mostrò il suo potenziale guadagnando i suoi primi punti in Formula 1 finendo in 6ª posizione. Senna ripeté questo risultato al Gran Premio del Belgio, dimostrando la sua capacità di adattarsi rapidamente al nuovo livello di competizione.

La vera rivelazione della stagione per il giovane promettente arrivò al Gran Premio di Monaco. In questa gara, partì dalla 13ª posizione sulla griglia e, in condizioni estremamente bagnate, mostrò una straordinaria capacità di farsi strada attraverso il campo, superando auto dopo auto sul stretto circuito di Monaco.

Senna era già noto per la sua feroce ambizione e il desiderio di vincere a tutti i costi. Fu questo atteggiamento che lo portò a sfidare i limiti e se stesso e spesso gli guadagnò critiche dai suoi rivali e dagli osservatori. Realizzando che le risorse di Toleman erano limitate per la sua ambizione, Senna comprò il suo contratto e, nel 1985, si trasferì alla Lotus, dove in tre stagioni ottenne 16 pole position e sei vittorie. Questo periodo vide anche l'intensificarsi della rivalità tra Senna e Prost, due dei migliori piloti del tempo.

La Lotus si dimostrò una macchina veloce per tutta la stagione, ma la sua affidabilità lasciava molto a desiderare. Nelle sette gare successive, Senna non riuscì a segnare punti, in gran parte a causa di problemi meccanici. Nonostante questi alti e bassi, Senna aveva guadagnato popolarità nel team Lotus, ma il suo compagno di squadra, Angelis, era scontento di quello che percepiva come favoritismo verso Senna, e alla fine lasciò il team alla fine della stagione.

Nel 1986, Senna era in testa al campionato, ma la scarsa affidabilità dell'auto iniziò presto a influenzare i suoi risultati. Sebbene fosse finito sul podio sette volte dopo il Portogallo e avesse vinto un'altra gara a Detroit, non era abbastanza per competere per il titolo mondiale.

29

Era il 1988, e il brasiliano aveva fame di più gloria. Si unì al team McLaren, firmando un contratto triennale e facendo squadra con il due volte campione del mondo Alain Prost. Questa unione segnò l'inizio di una delle rivalità più famose nella storia della Formula 1.

Il 1988 fu un anno teso per la rivalità tra Senna e Prost. La loro rivalità si intensificò, con battaglie in tribunale e giochi psicologici fuori di esso. Il 25 settembre, durante il Gran Premio del Portogallo, si verificò il primo grande incidente tra i due piloti. Ad Estoril, Senna aveva un leggero vantaggio nella classifica generale del campionato, ma la rivalità raggiunse un nuovo livello quando Senna, dopo essere stato superato da Prost, eseguì una manovra estremamente pericolosa vicino al muro sul rettilineo di arrivo. L'azione sorprese Prost, che riuscì a vincere la gara ma rimase scioccato dall'aggressività di Senna. Questo incidente lasciò un segno nel rapporto tra entrambi i piloti, poiché Prost iniziò a vedere Senna come un concorrente spericolato.

Prost espresse preoccupazione per la condotta di Senna in pista. "Senna ha un piccolo problema. Pensa di non potersi uccidere perché crede in Dio in tutte quelle cose, ed è molto pericoloso", commentò Prost (Dagless, 2023).

Nonostante queste tensioni, la rivalità non impedì alla McLaren di ottenere successi. Quell'anno, Senna e Prost gareggiarono fieramente per il titolo, con Senna che alla fine vinse il campionato dopo una impressionante vittoria al Gran Premio del Giappone. Senna condivise i suoi sentimenti dopo il suo primo titolo mondiale (Dagless, 2023):
   Sono riuscito a togliermi il chiodo che avevo in me, a liberarmi di quel vuoto, del
   desiderio di vittoria. Ora voglio migliorare come persona. Ho solo 28 anni e tutta la

vita davanti a me.

Il 1989 segnò un punto di svolta nel rapporto tra Senna e Prost. Al Gran Premio di San Marino, la tensione raggiunse il culmine. Avevano concordato che chiunque avesse raggiunto per primo la prima curva avrebbe mantenuto la posizione, ma dopo una bandiera rossa a seguito di un incidente di Gerhard Berger, Prost superò Senna alla ripartenza della gara. Senna contrattaccò e riconquistò la posizione, cosa che infastidì Prost. Jo Ramírez, team manager della McLaren all'epoca, ricordò che Prost rifiutò di salire sul podio e lasciò il circuito. "Ho cercato di convincerlo a restare perché lo avrebbero multato. Mi ha detto che preferiva la multa perché se fosse rimasto così arrabbiato avrebbe detto qualcosa di cui si sarebbe pentito", disse Ramírez (Martin, 2023). La riconciliazione arrivò alla fine della stagione 1993 quando Prost vinse il suo quarto campionato del mondo e Senna lo invitò sul podio, simboleggiando la chiusura di un'era di intensa rivalità.

Ayrton Senna è ricordato per la sua ferocia in pista e il suo straordinario talento. Era prevedibile che il brasiliano avrebbe fatto dei rivali con una personalità così particolare. Così fu che verso la fine della gara incontrò il suo ultimo degno avversario, il tedesco Michael Schumacher. Mentre Alain Prost e Nigel Mansell stavano lasciando la Formula 1, il pilota tedesco esordiente emerse come il pilota capace di sfidare il brasiliano, portando i fan ad aspettarsi grandi duelli negli anni a venire. La loro rivalità fu breve ma intensa, lasciando un'impressione profonda nella storia della Formula 1.

Senna era già un punto di riferimento in Formula 1, con più di 35 vittorie, quando Schumacher iniziò a farsi notare sulla scena. Durante la stagione 1992, Schumacher iniziò a mostrare la sua competitività, sfidando Senna in diverse occasioni. In una gara, Schumacher si lamentò delle tattiche di Senna, poiché Senna stava lottando per mantenere la sua posizione in pista. Senna si infuriò per le critiche del pilota esordiente e ebbe un acceso confronto verbale con Schumacher (Watson, 2021).

Al Gran Premio di Francia del 1992, Schumacher ebbe un incidente con Senna, che causò ancora più tensione tra i piloti. Schumacher ammise che l'incidente era colpa sua, ma commentò anche che Senna entrò nella curva ad alta velocità, lasciandogli poco spazio per manovrare.

L'ultima stagione in cui Senna e Schumacher gareggiarono fu nel 1994, con Senna in Williams e Schumacher in Benetton. Sebbene le prestazioni della Williams fossero superiori, l'auto aveva problemi di stabilità, e Schumacher era un concorrente tenace. Nella fatidica gara di Imola, Senna era in testa quando subì un incidente che pose fine alla sua vita.

Anni dopo, quando Schumacher divenne uno dei piloti di maggior successo nella storia della Formula 1, riconobbe sempre la grandezza di Senna e la profonda tristezza che provò per la sua tragica morte. "Senna è il più grande", disse Schumacher. "Non può essere paragonato a piloti di epoche diverse, ma era unico" (Autosport, 2000).

# Al di là delle Corse

Il Gran Premio di San Marino del 1994 divenne un tragico fine settimana per la Formula 1. Durante il primo giorno di qualifiche, venerdì, Senna dimostrò la sua velocità, ma un grave incidente che coinvolse il giovane pilota brasiliano Rubens Barrichello scosse il paddock. Il connazionale di Senna subì solo un naso rotto e costole contuse, ma non fu in grado di continuare il resto del fine settimana. Come ricordò lo stesso Barrichello, "La prima faccia che vidi fu quella di Ayrton. Aveva le lacrime agli occhi. Non avevo mai visto questo in Ayrton prima. Ebbi l'impressione che sentisse il mio incidente come se fosse il suo" (A Tribute to Life Network, 2011).

Il giorno seguente, sabato, si verificò il tragico incidente di Roland Ratzenberger durante la sessione di qualifiche. Ratzenberger, alla sua terza gara, uscì di pista a 195 mph dopo che l'ala anteriore si ruppe, colpendo il muro alla curva Villeneuve e tornando in pista senza vita. Senna arrivò sul luogo dell'incidente ma fu fermato dal direttore medico della FIA, il professor Sid Watkins, che lo informò che Ratzenberger era clinicamente morto. Senna iniziò a piangere. Watkins cercò di consolarlo dicendogli di tirarsi indietro e "andare a pescare", ma Senna rifiutò (Haldenby, 2016).

L'incidente di Ratzenberger fu la prima morte in un evento di Formula 1 dalla morte di Elio de Angelis nel 1986, e la prima in una gara da Riccardo Paletti nel 1982. Questo evento scosse l'intera comunità della Formula 1 e colpì profondamente Senna. Sebbene inizialmente avesse deciso di non partecipare alla gara, in seguito cambiò idea, con l'intenzione di rendere omaggio a Ratzenberger sventolando una bandiera austriaca se avesse vinto. La domenica, prima della gara, Senna parlò con i suoi colleghi piloti, proponendo la formazione della Grand Prix Drivers' Association per affrontare le questioni di sicurezza.

Nella gara, Senna prese il comando fin dall'inizio, ma al settimo giro, si verificò l'incidente fatale alla curva Tamburello. L'auto uscì di pista a 190 mph e colpì il muro, causando danni catastrofici al veicolo e allo stesso Senna. La ruota anteriore destra si staccò e colpì il casco di

Senna, causando fratture craniche fatali. Un altro componente dell'auto penetrò nel casco, causando una ferita alla fronte e danneggiando il cervello. Nonostante avesse ricevuto immediata assistenza medica e fosse stato trasportato in elicottero all'Ospedale Maggiore di Bologna, le sue ferite erano troppo gravi e morì lo stesso giorno.

La notizia della morte di Senna sconvolse il mondo del motorsport e oltre. Il funerale di Senna si tenne a São Paulo, attirando milioni di persone e importanti figure del motorsport come Alain Prost, Gerhard Berger e molti altri piloti. Fu un addio massiccio per uno dei piloti più amati e talentuosi nella storia della Formula 1.

L'iscrizione sulla sua lapide recita: "Nada pode me separar do amor de Deus", che significa "Niente può separarmi dall'amore di Dio", un promemoria del retaggio spirituale e umano di Ayrton Senna.

Al di là della sua abilità come pilota, Senna era noto per la sua personalità affascinante. Nonostante il suo aspetto magro, aveva una potente presenza fisica, e quando parlava, le sue parole risuonavano con intensità. Con i suoi occhi caldi e la sua voce appassionata, Senna poteva affascinare un pubblico, e il suo magnetismo trascendeva la pista. Anche alle conferenze stampa, gli altri piloti e i giornalisti lo ascoltavano attentamente perché le sue parole erano piene di un'energia irresistibile.

Senna viveva ogni momento con una passione incrollabile, sia in pista che nella sua vita quotidiana. I suoi compagni di squadra e rivali riconoscevano la sua dedizione, ma alcuni mettevano anche in discussione i suoi metodi, suggerendo che la sua ambizione sfrenata a volte lo portava al limite del pericolo. Martin Brundle, pilota e commentatore, disse di Senna: "Definisco un genio come qualcuno che è appena al limite della sanità mentale. Senna era così, al limite della follia, ma proprio al limite" (A Tribute to Life Network, 2018).

Anche Senna riconobbe che a volte andava troppo oltre. Nelle qualifiche del Gran Premio di Monaco del 1988, Senna, già in pole, continuò a spingere fino a quando fu più di due secondi più veloce di Prost. "All'improvviso, ho avuto paura", confessò Senna, "perché mi resi conto che era molto al di là della mia comprensione cosciente" (de Menezes, 2014).

Senna era anche consapevole della sua mortalità e usava la paura per tenere sotto controllo i suoi limiti. La sua visione del motorsport era più di una competizione. Per lui, correre era una metafora della vita e un mezzo per scoprire se stesso. Nonostante questa intensa auto-esplorazione, Senna aveva un profondo senso dell'umanità e si preoccupava per i meno fortunati. Donò milioni della sua fortuna personale per aiutare i bambini bisognosi in Brasile, dimostrando che il suo impegno nel motorsport non era la sua unica passione.

La vita e la carriera di Ayrton Senna furono una costante ricerca di gloria, con momenti di trionfo e tragedia che lasciarono un'impressione profonda sulla storia della Formula 1 e su tutti coloro che hanno avuto la fortuna di conoscerlo.

# Bruce McLaren - Visione

La visione è la capacità unica di vedere oltre l'immediato e immaginare una realtà che non esiste ancora. È la forza che ci spinge a raggiungere qualcosa di più grande di noi stessi. È il tratto che permette agli individui di trasformare i sogni in azioni concrete, di creare e innovare in modi che possono trasformare le industrie e lasciare eredità durature.

Questo potere di previsione è la pietra angolare del successo per molti leader, e pochi hanno incarnato questa virtù così profondamente come Bruce McLaren.

Bruce McLaren aveva una visione unica di ciò che un team di corse poteva diventare. In uno sport dove i margini tra successo e fallimento sono sottilissimi, la sua capacità di vedere oltre il presente e di elaborare una strategia che spingeva i limiti della tecnologia e del lavoro di squadra lo ha reso un pioniere. La visione di McLaren ha portato alla creazione di un team di corse che avrebbe ottenuto un incredibile successo, gettando le basi per un'eredità che perdura fino ad oggi.

La visione di McLaren promuoveva uno spirito di creazione e collaborazione che andava oltre la pista. Questo ethos ha continuato a ispirare generazioni di ingegneri, piloti e appassionati di corse. La sua storia ci insegna che la visione non è limitata a un particolare campo o industria. È un principio universale che può guidare chiunque verso la grandezza.

Vedremo come con determinazione, creatività e resilienza, possiamo trasformare i nostri sogni in realtà. La sua eredità ci incoraggia a perseguire le nostre passioni con un focus instancabile e a non perdere mai di vista il quadro generale. In questo capitolo, esploriamo come la visione di McLaren ha plasmato il mondo del motorsport e come può ispirarci tutti a immaginare un futuro pieno di infinite possibilità.

# Un Prodigio delle Corse

Il 30 agosto 1937, a Auckland, in Nuova Zelanda, nacque Bruce McLaren, che sarebbe diventato una leggenda del motorsport e il cui nome risuonerebbe, fino ad oggi, con grande peso e onore (McLaren Racing, n.d.). Bruce McLaren crebbe in una famiglia la cui passione per le automobili era palpabile. Suo padre, Les McLaren, gestiva un'officina meccanica e una stazione di servizio su Remuera Road, un luogo che presto sarebbe diventato il campo di apprendimento di Bruce. Fin da bambino, Bruce mostrò un notevole interesse per tutto ciò che riguardava le auto. Spesso si vedeva nella bottega di suo padre, a guardare i meccanici al lavoro e a fare amicizia con i clienti che passavano di lì. Questo gli permise di sviluppare un'intuizione su come funzionano le auto e coltivare il suo amore per il motorsport.

Bruce si dimostrò un bambino attivo ed energico, partecipando a vari sport, come il rugby, dove divenne capitano della sua squadra. Tuttavia, all'età di 9 anni, la sua vita prese una svolta inaspettata quando gli fu diagnosticata la malattia di Perthes, un disturbo dell'anca che gli causò un grande dolore e lo costrinse a rimanere immobile (McLaren Racing, n.d.). Trascorse diversi mesi a letto, incapace di vivere come un bambino della sua età. Questa diagnosi fu una grande sfida per Bruce, che dovette trascorrere due anni alla Wilson Home per bambini con disabilità fisiche a Takapuna, lontano dalla sua città natale. Durante quel periodo, era su una sedia a rotelle e in seguito con le stampelle, il che gli impediva di giocare a rugby e limitava le sue attività fisiche.

Nonostante la difficoltà della sua situazione, Bruce non lasciò che la sua disabilità lo definisse. Alla Wilson Home, sviluppò abilità in altri sport, come il canottaggio, e trovò modi per rimanere occupato e positivo nonostante le restrizioni fisiche. Quando finalmente riuscì a camminare di nuovo, seppur con un leggero zoppicamento, il suo entusiasmo per il motorsport si intensificò. Tornò a trascorrere del tempo nell'officina di suo padre, dove apprese la meccanica, la costruzione di motori e la riparazione di automobili. Questo ambiente pratico e l'incoraggiamento di suo padre alimentarono il suo crescente interesse per le corse.

Bruce ricevette la sua prima esperienza di guida all'età di 14 anni quando suo padre gli restaurò un Austin 7 Ulster (Lyons, n.d.). Con questa auto, partecipò alla sua prima gara di salita, dove iniziò a dimostrare le sue abilità di guida e la sua determinazione a competere. La sua famiglia, soprattutto suo padre, lo incoraggiò a seguire la sua passione, e insieme lavorarono al suo recupero fisico, alle competenze tecniche e alla guida.

Un Prodigio delle Corse Col passare del tempo, Bruce iniziò a gareggiare in eventi locali di club, e il suo talento per il motorsport divenne evidente. Durante gli anni del liceo, studiò al Seddon Memorial Technical College, dove eccelse in ingegneria, cosa che completava la sua esperienza pratica in officina. Questa combinazione di formazione formale e formazione pratica permise a Bruce di sviluppare una comprensione più profonda delle auto e delle corse.

La vera opportunità per Bruce sarebbe arrivata nel 1957 quando partecipò al Gran Premio di Nuova Zelanda, una gara rinomata sul circuito locale. Anche se non vinse, la sua performance attirò l'attenzione di Jack Brabham, un pilota australiano con una solida reputazione nel mondo delle corse. Questo incontro con Brabham sarebbe stato decisivo per Bruce, poiché aprì la porta a nuove opportunità nel motorsport d'élite. L'eccezionale performance di Bruce impressionò anche la New Zealand International Grand Prix Association, che lo selezionò per il programma "Driver to Europe". Questo programma offriva borse di studio ai piloti neozelandesi per competere in Europa, dove potevano sfidare i migliori piloti del mondo. Bruce McLaren fu il primo beneficiario di questa borsa di studio, segnando l'inizio della sua carriera internazionale (Lyons, n.d.).

Fu l'anno successivo, 1958, che Bruce viaggiò nel vecchio continente per unirsi al team Cooper e iniziare a competere in Formula 2. Durante la sua prima stagione, gareggiò nel Gran Premio di Germania al Nürburgring, dove finì quinto assoluto e primo nella categoria Formula 2. Questo impressionante risultato lo portò a unirsi al team di Formula 1 della Cooper, lavorando al fianco di Brabham, che era diventato il suo mentore. Fu l'inizio di una nuova fase nella carriera di Bruce, dove avrebbe dimostrato il suo talento e le sue capacità in un'arena più competitiva.

Nel 1959, Bruce McLaren vinse la sua prima gara di Formula 1 al Gran Premio degli Stati Uniti a Sebring, in Florida, diventando il pilota più giovane a vincere una gara di Formula 1 all'epoca. Questo risultato non solo consolidò la sua posizione nel mondo delle corse, ma gli permise anche di acquisire fiducia per le prossime sfide. Il successo di Bruce continuò per tutta la stagione 1959, con diversi podi e un terzo posto al Gran Premio di Gran Bretagna, permettendogli di finire sesto nel Campionato Mondiale Piloti.

Durante questo periodo, Bruce sperimentò anche importanti cambiamenti nella sua vita personale. Sposò Patricia Yvonne Broad, una specialista di bellezza di Christchurch, e insieme ebbero una figlia, Amanda. La famiglia si stabilì a Walton-on-Thames, nel Surrey, dove Bruce costruì la loro casa e continuò a sviluppare la sua carriera.

Nel 1960, Bruce McLaren continuò a dimostrare la sua abilità e il suo talento in Formula 1, vincendo il Gran Premio d'Argentina all'inizio della stagione. La sua eccezionale performance gli permise di conquistare il titolo di vicecampione nel Campionato Mondiale Piloti, solo dietro al suo compagno di squadra Jack Brabham. Tuttavia, le stagioni successive non furono altrettanto fruttuose in termini di successo in Formula 1. Nonostante ciò, Bruce continuò a competere in varie categorie e consolidò la sua reputazione come pilota versatile e talentuoso.

Nel 1962, Bruce ottenne una delle sue vittorie più memorabili vincendo il Gran Premio di Monaco, una gara nota per la sua complessità e prestigio. Questa vittoria fu una pietra miliare importante nella sua carriera e lo stabilì come uno dei migliori piloti del suo tempo. Durante questo periodo, Bruce lavorò anche a stretto contatto con gli ingegneri e i meccanici del team Cooper. Era consapevole delle debolezze meccaniche della sua auto e voleva usare la sua conoscenza e la sua insaziabile curiosità per contribuire all'evoluzione del team che lo aveva visto nascere nel mondo del motorsport.

Sfortunatamente, molte delle decisioni politiche prese al tavolo rotondo del team rispondevano più a scopi economici che all'evoluzione meccanica delle loro auto. In questo contesto, Bruce McLaren iniziò a fare passi significativi verso la sua visione di costruire il suo proprio team di corse nel 1963. Anche se stava ancora correndo per il team Cooper, stava anche lavorando ai suoi progetti e progettando auto da corsa. Fu in quello stesso anno che fondò la Bruce McLaren Motor Racing Ltd., una società dedicata alla costruzione e allo sviluppo di auto da corsa. Anche se questo fu l'inizio di un nuovo capitolo per Bruce, aveva ancora molta strada da fare per trasformare la sua visione in realtà.

Durante quell'anno, e in parallelo con i suoi doveri di pilota, Bruce si dedicò a gettare le basi per il suo team di corse, continuando a competere e ottenere solidi risultati per Cooper in Formula 1 e in altre categorie. Questo spirito imprenditoriale e il suo impegno per l'eccellenza nel motorsport avrebbero definito l'eredità di Bruce McLaren, che, con determinazione e creatività, avrebbe lasciato un segno indelebile nel mondo delle corse.

# Fondazione di McLaren Racing

McLaren Cars avrebbe cambiato per sempre il volto del motorsport. Come pilota talentuoso e visionario, McLaren voleva creare un team di corse che potesse competere al massimo livello sviluppando auto innovative e rivoluzionarie. Bruce aveva già dimostrato il suo talento sia come pilota che come costruttore, ma ora si imbarcava in un'avventura che avrebbe richiesto non solo la sua abilità al volante, ma anche la sua competenza tecnica e la visione per il futuro.

La prima creazione di McLaren Cars fu la McLaren M1A, un'auto sportiva progettata per competere nel campionato Can-Am (Philadelphia, n.d.). La M1A ebbe un successo immediato, dimostrando l'abilità di Bruce nel progettare e costruire auto competitive. Con solo 24 modelli prodotti, la M1A segnò l'inizio di una serie di innovazioni che avrebbero definito McLaren per gli anni a venire.

Il passo successivo per McLaren fu la costruzione della M1B, che portò il team in Can-Am e si dimostrò un contendente formidabile. McLaren, come pilota e costruttore, mostrò la sua dedizione all'eccellenza e la sua volontà di affrontare le sfide. Nel 1966, la M1B permise a McLaren di vincere 43 gare nella stagione Can-Am, superando rivali come Porsche. Questo successo consolidò la reputazione di McLaren come team innovativo e vincente.

In parallelo al suo successo in Can-Am, Bruce McLaren stava anche lavorando alla costruzione di auto di Formula 1. Nel 1965, la prima auto di Formula 1 di McLaren, la M2B, debuttò al Gran Premio di Monaco. Sebbene l'auto non avesse avuto un grande impatto immediato, gettò le basi per l'ingresso di McLaren in Formula 1, dove Bruce nutriva grandi speranze di successo.

L'anno 1966 fu cruciale per McLaren, poiché fu allora che Bruce e Chris Amon vinsero la 24 Ore di Le Mans con una Ford GT40, in un finale emozionante che vide una triplice vittoria per Ford (McLaren Cars, n.d.). Questo risultato confermò Bruce McLaren come un pilota di talento e un costruttore abile, capace di successo in una delle gare più prestigiose del mondo.

Tuttavia, fu nel campionato Can-Am che McLaren mostrò il suo vero dominio. Nel 1967, il team vinse cinque delle sei gare, e nel 1968 ne vinsero quattro su sei. Il culmine arrivò nel 1969, quando McLaren vinse ogni gara della stagione, stabilendo un dominio assoluto. La combinazione dei talenti di Bruce come pilota, designer e ingegnere, insieme al lavoro di squadra e all'innovazione tecnica, portò McLaren al top del Can-Am.

L'anno 1968 fu anche significativo per McLaren, poiché Bruce vinse il Gran Premio di Spa, la sua prima vittoria in Formula 1 con una macchina di sua marca. Questo risultato fu una pietra miliare per il team e dimostrò che il nuovo team poteva competere al massimo livello in Formula 1. Da lì, McLaren iniziò a vincere più gare, con Denny Hulme che si unì al team e ottenne due vittorie aggiuntive nella stagione del 1968.

Tuttavia, la strada verso il successo non fu priva di difficoltà. Bruce McLaren dovette sempre affrontare sfide tecniche e finanziarie mentre sviluppava le sue auto e manteneva il team. Come leader, doveva bilanciare i suoi ruoli di pilota, designer e team manager, e la sua dedizione al motorsport era indiscutibile.

Tragicamente, la vita di Bruce McLaren fu interrotta prematuramente il 2 giugno 1970, quando morì in un incidente mentre testava la nuova McLaren M8D al circuito di Goodwood in Inghilterra (Hindle, 2024). Durante il test, la carrozzeria dell'auto si staccò ad alta velocità, causando la perdita di stabilità del veicolo e l'uscita di pista. L'auto si schiantò contro un bunker utilizzato come posto di segnalazione, e Bruce morì all'istante per l'impatto. Aveva solo 32 anni.

La notizia della sua morte risuonò in tutto il mondo del motorsport, con molti devastati dalla perdita di un uomo che era molto più di un pilota di talento. Bruce McLaren era un brillante ingegnere, un designer innovativo e un leader ispiratore. La tragedia lasciò il suo team, McLaren Racing, in uno stato di shock. Avevano perso non solo il loro fondatore e leader, ma anche un amico e mentore.

Tuttavia, l'eredità di Bruce McLaren e la sua visione per il motorsport sopravvissero. Il team McLaren, sebbene colpito dalla tragedia, mostrò una notevole resilienza e determinazione a continuare il lavoro che Bruce aveva iniziato. Solo dodici giorni dopo l'incidente fatale, due auto McLaren M8D furono presentate nella prima gara della serie Can-Am di quella stagione in Canada. Denny Hulme, che era stato un compagno di squadra e un amico stretto di Bruce, partecipò a quella gara con le mani fasciate per le ustioni subite al Gran Premio di Indianapolis. In un toccante tributo a Bruce McLaren, il team vinse quella gara, con Hulme che finì al primo posto.

La vittoria in Canada fu più di un trionfo sportivo. Fu una testimonianza dello spirito e della determinazione di Bruce McLaren, e dell'impegno del team per la sua eredità. Questo successo spronò il team a perseverare, impegnandosi a mantenere viva la visione di Bruce McLaren.

L'eredità di Bruce McLaren risiede non solo nel successo continuato del team McLaren in Formula 1 e in altri campionati di motorsport, ma anche nella sua duratura influenza sulla cultura del motorsport. Bruce era noto per la sua etica del lavoro, la sua dedizione al miglioramento tecnico e la sua filosofia secondo cui la vita dovrebbe essere misurata dalle realizzazioni e non solo dagli anni vissuti. Questo atteggiamento ha ispirato molti altri piloti e team a lottare per l'eccellenza e a non arrendersi di fronte alle sfide.

La sua impronta e il suo patrimonio sono evidenti anche nella tradizione di innovazione tecnica che continua a caratterizzare McLaren. Il marchio è rimasto all'avanguardia nel design e nell'ingegneria automobilistica, creando auto ad alte prestazioni ed esplorando sempre nuove frontiere tecnologiche.

# Eredità di Eccellenza

I primi anni del team McLaren Racing furono pieni di sfide e ostacoli che misero alla prova la determinazione e la visione del suo fondatore e dei suoi collaboratori. Dalle difficoltà finanziarie ai problemi tecnici e ai fallimenti in pista, la strada verso il successo non fu facile. Con la fondazione della Bruce McLaren Motor Racing nel 1963, McLaren iniziò la sua transizione da pilota a costruttore, un cambiamento tutt'altro che semplice, poiché doveva progettare, costruire e testare le sue auto. Questo processo comportava enormi sfide tecniche, poiché richiedeva non solo conoscenze ed esperienza in ingegneria automobilistica, ma anche la capacità di gestire un team e coordinare molteplici compiti contemporaneamente.

Una delle prime sfide che McLaren dovette affrontare fu il finanziamento. Fondare un team di corse negli anni '60 che rispondesse alle aspettative della Federazione Internazionale dell'Automobile e agli standard del World Tour richiedeva un investimento considerevole, e Bruce McLaren non aveva quel sostegno finanziario. Per quasi due decenni, dovette fare affidamento su risorse limitate, lottando per trovare sponsor che condividessero la sua visione. Nonostante queste limitazioni, McLaren riuscì a costruire le sue prime auto e a competere in alcune delle gare più prestigiose del mondo.

Per quanto riguarda le sfide tecniche, c'erano molti ostacoli da superare per progettare e costruire auto competitive.

Una delle prime sfide fu la progettazione del telaio. McLaren e il suo team dovevano creare strutture che fossero leggere ma forti, in grado di resistere alle intense forze generate dai motori ad alte prestazioni. Ciò richiedeva materiali di alta qualità e una comprensione dettagliata dell'aerodinamica. Per il debutto della sua auto nel campionato di Formula 1, McLaren scelse la M2B, che presentava un telaio innovativo realizzato con materiali leggeri ma affrontava problemi di affidabilità e prestazioni. Il prototipo debuttò al Gran Premio di Monaco del 1966 (Hindle, 2024).

La scelta del motore fu anche una sfida tecnica cruciale. McLaren doveva trovare motori potenti e affidabili, che si integrassero efficacemente con il telaio. I primi motori di McLaren provenivano da Serenissima, un'azienda italiana, ma si dimostrarono meno potenti del necessario per competere nell'ambiente esigente della Formula 1. Questo limitò le prestazioni dell'auto e influenzò il successo del team nei suoi primi anni.

Inoltre, consolidare un nuovo team in un contesto competitivo come la Formula 1 comportava sfide logistiche. McLaren doveva assumere ingegneri, meccanici e altri specialisti per costruire e mantenere le sue auto. Inoltre, era necessario sviluppare infrastrutture per i test, oltre a ottenere sponsor e finanziamenti per sostenere il team a lungo termine.

L'ambiente competitivo della Formula 1 significava che McLaren non stava solo competendo contro altri team consolidati, ma doveva anche innovare continuamente per rimanere in testa. La pressione per produrre risultati immediati era intensa, e McLaren doveva dimostrare che il suo team era in grado di competere con i migliori al mondo.

In mezzo a queste difficoltà, il team McLaren Racing affrontò anche sfide in pista. Nei suoi primi anni, il team subì numerosi fallimenti e ritiri nelle corse, che influenzarono il morale e la fiducia del team. Tuttavia, l'eredità di Bruce McLaren come leader fu fondamentale per mantenere il team unito e motivato. Il suo carisma e la capacità di ispirare gli altri mantennero il team concentrato sugli obiettivi a lungo termine, nonostante i contraccolpi temporanei. L'eredità di Bruce McLaren serve come fonte di ispirazione per coloro che cercano di raggiungere i loro obiettivi e sogni.

La sua storia dimostra l'importanza della perseveranza e della dedizione nel raggiungere il successo. McLaren non ha lasciato che le difficoltà finanziarie, i problemi tecnici o le sconfitte in pista lo distogliessero dalla sua visione. Al contrario, ha utilizzato queste sfide come opportunità per imparare e migliorare.

I valori che Bruce McLaren incarnava sono ancora rilevanti oggi. La sua eredità sottolinea l'importanza della resilienza e della creatività nel superare gli ostacoli. Il suo impegno per l'eccellenza e il desiderio di innovare hanno influenzato generazioni di piloti e team nel mondo del motorsport. Il suo esempio ci insegna che il percorso verso il successo può essere difficile, ma con determinazione e una visione chiara, anche le sfide più grandi possono essere superate.

La sua storia è una testimonianza della capacità umana di superare le avversità e realizzare grandi cose. L'eredità di Bruce McLaren ci ricorda che il vero successo deriva dalla dedizione e dall'impegno per l'eccellenza.

# Michael Schumacher - Leadership

La storia di Michael Schumacher è quella di un giovane che sognava in grande. Non era semplicemente il talento a guidarlo, ma una combinazione di determinazione, umiltà e disciplina che lo ha portato a essere uno dei più grandi piloti di Formula 1 di tutti i tempi. Ma oltre alle vittorie e ai campionati, ciò che spiccava era la sua capacità di guidare gli altri, ispirare il suo team e tirare fuori il meglio da tutti quelli che lo circondavano.

Questo capitolo esplora l'essenza di quella leadership e come Schumacher l'ha incarnata in ogni gara, in ogni sessione di allenamento e in ogni decisione che ha preso. Esamineremo come il suo inarrestabile focus e la sua etica del lavoro gli abbiano non solo garantito un posto nella Hall of Fame, ma anche lasciato un segno indelebile sulla Formula 1. La sua storia è una lezione su come un leader può creare una cultura dell'eccellenza e come quello spirito può trascendere oltre le piste e risuonare nelle vite di tutti noi.

Mentre ripercorriamo la sua storia, con i suoi trionfi e le sue battute d'arresto, vedremo come ha affrontato coraggiosamente le sfide e come la sua capacità di ispirare e motivare il team sia stata cruciale per il suo successo. Guarderemo indietro ai momenti chiave che hanno definito la sua carriera e il suo retaggio e scopriremo cosa possiamo imparare dal suo stile di leadership. Alla fine, l'eredità di Schumacher non riguarda solo il motorsport, riguarda l'impatto che un leader può avere sul mondo e come possiamo applicare quelle lezioni per raggiungere i nostri obiettivi. In questo capitolo, Schumacher diventa un simbolo del potere della leadership e di cosa significa avere una visione e realizzarla con passione e dedizione.

## L'Ascesa di un Campione

Michael Schumacher, uno dei più grandi piloti di Formula 1 di tutti i tempi, ebbe un inizio modesto e senza pretese. Nacque il 3 gennaio 1969 a Hürth-Hermülheim, un sobborgo vicino a Colonia, in Germania (Hilton, 2007). Suo padre, Rolf Schumacher, era un muratore e gestore del circuito di kart locale a Kerpen. Per coincidenza, sua madre, Elisabeth, lavorava nella mensa del circuito. Fu in quell'ambiente familiare che il giovane Michael e Ralf, il più giovane dei fratelli, che sarebbe diventato anche lui un talentuoso pilota di Formula 1, svilupparono il loro amore per il motorsport, sebbene i suoi primi passi fossero piuttosto piccoli contrattempi.

Come ogni bambino della sua età, Michael amava giocare con i giocattoli, ma suo padre decise di fargli un regalo speciale: un kart a pedali. Non passò molto tempo prima che l'umile dispositivo diventasse l'oggetto preferito del giovane Schumacher, che pedalava il kart a tutta velocità, tracciando cerchi sull'erba nel cortile di casa. Rolf, vedendo la passione di suo figlio per la velocità, decise di installare un piccolo motore da moto nel kart. Questo gesto innocente portò a un incidente inaspettato, poiché Michael, inesperto nel controllo di un kart motorizzato, si schiantò contro un palo della luce. Fortunatamente, l'incidente non fu grave, e il giovane Michael non sembrò allarmato quando scoprì il pericolo associato alla velocità.

La sua passione stava iniziando a brillare. Passava ogni momento libero al circuito di kart di suo padre, guardando i piloti più esperti e allenandosi sul suo kart. Man mano che cresceva, la sua abilità e destrezza diventavano evidenti a tutti quelli che lo circondavano. All'età di 6 anni, vinse il suo primo campionato di kart, un risultato notevole per qualcuno così giovane. I suoi genitori, sebbene non avessero molte risorse finanziarie, erano determinati a sostenere il talento emergente di loro figlio.

La famiglia Schumacher era di umili origini, ma la comunità del karting, che conosceva gli sforzi di Rolf ed Elisabeth per nutrire la passione del piccolo, era disposta ad aiutare un giovane con così tanto potenziale.

Rolf ed Elisabeth trovarono sponsor locali che credevano nel talento di Michael e erano disposti a finanziare la sua progressione nel motorsport. Con questo sostegno, Michael riuscì a competere in tornei di karting più grandi, acquisendo esperienza e reputazione man mano che progrediva.

Nel 1987, quando Michael aveva 18 anni, vinse sia il campionato di karting tedesco che quello europeo, consolidando il suo posto come uno dei giovani talenti più promettenti nel motorsport europeo (Allen, 2000). Due anni prima era riuscito a diventare vicecampione del mondo nella categoria junior del karting. Questo successo lo portò a prendere una decisione importante nella sua vita: lasciare i suoi studi per dedicarsi a tempo pieno al motorsport. Sebbene inizialmente lavorasse come apprendista meccanico auto, la sua dedizione e il suo talento portarono presto a un impiego a tempo pieno come pilota da corsa.

Man mano che la sua carriera decollava, Michael iniziò ad attirare l'attenzione dei migliori team di corse. Il suo stile di guida aggressivo ma controllato, combinato con la sua dedizione e la sua etica del lavoro, lo resero una figura di spicco nel mondo del karting. Ormai, non solo aveva imparato a padroneggiare l'arte della guida, ma anche l'importanza del lavoro di squadra e della preparazione meccanica, abilità che sarebbero state cruciali nella sua carriera in Formula 1.

Fu nel 1991 che arrivò il momento più atteso per il pilota tedesco: il suo debutto in Formula 1 (Collings, 2005). Eddie Jordan, il rappresentante del team Jordan Grand Prix, lo chiamò per sostituire il pilota belga Bertrand Gachot, che non poteva partecipare al Gran Premio del Belgio a causa di problemi legali. Nonostante fosse un esordiente, Schumacher sorprese tutti con la sua performance, qualificandosi al settimo posto e mostrando un livello di abilità insolito per un pilota fuori dalla Formula 1. Sebbene la sua corsa finì presto a causa di problemi meccanici,

Schumacher aveva lasciato un'impressione duratura, portando il capo del team Benetton, Flavio Briatore, ad assumerlo per il resto della stagione.

Con il team Benetton, Schumacher iniziò a consolidare la sua reputazione come uno dei piloti più talentuosi e promettenti della sua generazione. Nel 1992, ottenne la sua prima vittoria al Gran Premio del Belgio, più otto podi aggiuntivi, portandolo a finire terzo nel campionato piloti di quell'anno. Negli anni successivi, Schumacher dimostrò la sua capacità di lavorare con il team e ottenere risultati impressionanti.

La stagione successiva rappresentò un periodo di consolidamento per Alonso e Renault. Il titolo di Campione dovette aspettare fino all'anno successivo: 1994. Quell'anno fu tragico per la Formula 1. Durante il Gran Premio di San Marino, a Imola, l'incidente che causò la morte di Ayrton Senna sconvolse il mondo del motorsport. Schumacher, che stava gareggiando in quella gara, assistette al fatale incidente in cui il suo amico e eroe perse la vita. Quella stagione, Schumacher vinse il suo primo Campionato Mondiale Piloti di Formula 1.

Sebbene fossero rivali giurati, Schumacher e Senna si rispettavano a vicenda. Il giovane tedesco ammirava particolarmente il brasiliano. Nonostante le sue differenze, Michael onorò il suo compagno di squadra e degno rivale ogni volta che ne ebbe l'opportunità.

Nel 1995, Schumacher difese con successo il suo titolo, vincendo nove gare e guadagnando 102 punti, 33 in più del suo più stretto concorrente, il rivale Damon Hill. Fu l'ultimo anno in cui Schumacher corse per Benetton prima di passare alla Ferrari nel 1996 (Henry, 1998). Questo passaggio segnò l'inizio di una nuova era per la Ferrari, che non aveva vinto un campionato mondiale piloti dal 1979.

L'Ascesa di un Campione I primi anni con la Ferrari furono impegnativi per Schumacher, poiché il team, affrontava problemi tecnici e di prestazioni. Nonostante ciò, Schumacher ottenne alcune vittorie impressionanti e mantenne la sua reputazione di pilota di talento e competitivo. Nel 1997, la sua carriera fu segnata da un episodio controverso quando si scontrò intenzionalmente con Jacques Villeneuve nel Gran Premio d'Europa, portando alla sua squalifica e all'annullamento di tutti i suoi punti nel campionato.

Nel 1999, Schumacher subì un grave incidente al Gran Premio di Gran Bretagna, rompendosi una gamba e perdendo sei gare nel campionato. Nonostante ciò, la Ferrari vinse il suo primo campionato costruttori in 16 anni. L'anno 2000 segnò il ritorno trionfale di Schumacher, poiché vinse il suo terzo campionato piloti dopo un intenso duello con Mika Häkkinen e inaugurò una delle ere di dominio più incredibili nella storia dello sport.

Dal 2000 al 2004, Schumacher dominò la Formula 1, vincendo cinque campionati consecutivi e stabilendo record che rimangono imbattuti. La sua padronanza era così completa che molti si riferivano a quest'epoca come "l'era Schumacher". I suoi principali rivali durante questo periodo erano i piloti della McLaren Mika Häkkinen e David Coulthard, e i piloti della Williams Juan Pablo Montoya e Ralf Schumacher, suo fratello. Durante questa fase di indiscutibile dominio, ricevette il mitico soprannome di "Kaiser", che significa imperatore in tedesco, e con il quale il grande campione è ancora oggi conosciuto.

Nel 2005 e 2006, il vantaggio di Schumacher iniziò a svanire con l'emergere di una nuova generazione di piloti, come Fernando Alonso e Kimi Räikkönen. Schumacher lottò con problemi di prestazioni, e affidabilità nella sua auto, ma dimostrò comunque la sua abilità e determinazione.

Infine, nel 2006, dopo una carriera di successo e realizzazioni, Schumacher annunciò il suo ritiro dalla Formula 1. Nel corso della sua carriera, aveva ottenuto sette campionati mondiali, 91 vittorie e numerosi record che ancora oggi resistono. Sebbene il suo ritiro segnasse la fine di un'era come pilota eccezionale, Michael non sarebbe stato lontano dal paddock per molto tempo.

L'annuncio del suo ritorno fu accolto con grande entusiasmo dai fan del motorsport, ansiosi di vedere uno dei piloti di maggior successo nella storia della Formula 1 tornare in azione. Il suo contratto con la Mercedes, inizialmente per tre anni, ebbe un impatto significativo sul mondo della Formula 1, rivitalizzando l'interesse commerciale ed economico dopo il ritiro di importanti produttori come Honda, BMW e Toyota negli anni precedenti.

Tuttavia, il ritorno di Schumacher non fu facile. Sebbene al Gran Premio del Bahrain 2010, riuscì a qualificarsi in settima posizione e finì sesto, l'inizio della stagione fu deludente. A Melbourne, un altro settimo posto in griglia finì con Schumacher in decima posizione dopo una collisione con il dominante Fernando Alonso. La stagione continuò ad essere difficile, con un ritiro a Sepang a causa di problemi meccanici e un incidente al Gran Premio di Monaco, dove Schumacher fu penalizzato per aver superato Alonso con la safety car in pista.

Durante quella stagione, Schumacher faticò a trovare il suo ritmo, con un risultato finale di 72 punti, rispetto ai 142 punti del suo compagno di squadra, Nico Rosberg. La stagione successiva non mostrò un grande miglioramento per la Mercedes, sebbene Schumacher ottenne una performance più forte, avvicinandosi alle prestazioni di Rosberg e ottenendo un personale miglior risultato di quarto posto (Donaldson, n.d.).

Il ritorno di Schumacher alla Mercedes nel 2012 iniziò con alcune difficoltà, ma nel corso dell'anno, la sua fortuna iniziò a cambiare. Al Gran Premio d'Europa, tenutosi a Valencia, ottenne il suo primo podio dal suo ritorno in Formula 1 nel 2010, dopo sei anni senza salire sul podio. Questo risultato fu una pietra miliare importante per Schumacher e un'indicazione che aveva ancora il potenziale per competere al massimo livello.

Tuttavia, il rapporto tra Schumacher e la Mercedes non fu facile. Secondo John Barnard, l'ingegnere del team, il calo delle prestazioni di Schumacher dopo il suo primo ritiro fu dovuto, in parte, al suo stile di guida. Per questo motivo, la Mercedes AMG preferiva Nico Rosberg, che, secondo i dirigenti del team, aveva uno stile di guida più sottosterzante, mentre Schumacher preferiva le auto con una maggiore tendenza al sovrasterzo. Questa mancanza di sincronizzazione tra il team e il pilota influenzò le prestazioni di Schumacher al suo ritorno. Oltre alle differenze tecniche tra il tedesco e il suo team, l'annuncio della Mercedes-Benz dell'assunzione di Lewis Hamilton per la stagione 2013 lasciò Schumacher senza un sedile, e poco dopo, confermò il suo definitivo ritiro dalla competizione. Quella stagione la avrebbe vista da lontano. Il "Kaiser" capì che la sua era era finita, e con l'umiltà che lo caratterizzava, riuscì ad essere felice di vedere il rookie Hamilton fare i primi passi verso la sua era di dominio.

Il 29 dicembre 2013, si verificò un evento che avrebbe cambiato per sempre la vita dell'ex pilota. Schumacher subì un grave incidente mentre sciava nelle Alpi francesi, che gli causò gravi lesioni cerebrali e lo portò in coma indotto per diversi mesi. Fortunatamente, riuscì a sopravvivere dopo essere stato in terapia intensiva per mezzo anno. Da allora, Schumacher è in trattamento e riabilitazione, ma si sa poco sulle sue attuali condizioni. La sua famiglia ha mantenuto un rigoroso controllo sulla sua privacy nell'ultimo decennio dopo l'incidente, rivelando poche informazioni sul suo stato di salute, poiché non vogliono che gli stimoli della vita pubblica influenzino il recupero del "Kaiser".

Alcuni di quelli vicini a lui hanno accennato che la sua situazione di salute non rivela miglioramenti considerevoli e hanno persino accennato che la leggenda del motorsport più importante di tutti i tempi non tornerà più sulla scena pubblica (Economic Times, 2024). Noi che ammiriamo il suo talento magistrale e la sua personalità eloquente non possiamo trovare modo migliore per onorarlo che imparare dalla sua umiltà, impegno e leadership. Così, trasformando le nostre vite in un tributo alla sua grandezza.

# Eredità di Leadership

L'eredità di leadership di Michael Schumacher risuona non solo nel mondo del motorsport, ma anche nei valori di coloro che hanno avuto la fortuna di lavorare al suo fianco. Il sette volte campione del mondo di Formula 1 non era solo un pilota eccezionale, ma anche un leader naturale che comprendeva il potere dell'empatia, del lavoro di squadra e della dedizione ai dettagli. Questi valori, profondamente radicati nell'etica del lavoro di Schumacher, hanno lasciato un segno indelebile sulla Ferrari e sull'intero sport.

Una delle caratteristiche più notevoli della leadership di Schumacher era la sua capacità di stabilire uno standard di eccellenza attraverso la sua etica del lavoro e il suo atteggiamento positivo. Ross Brawn, che ha lavorato con Schumacher alla Ferrari, ha ricordato come il pilota tedesco fosse un esempio per il team, sempre disposto a dare il massimo. Non era insolito vedere Schumacher lavorare instancabilmente, anche nel suo tempo libero, per perfezionare le sue prestazioni. Questo atteggiamento si è trasferito a tutto il team, ispirando ingegneri e meccanici a lavorare con lo stesso livello di dedizione e impegno. (Woodhouse, 2022).

Schumacher possedeva anche un dono speciale nel saper unire le persone e creare un'atmosfera di cameratismo e rispetto. Non criticava mai pubblicamente il suo team e affrontava sempre i problemi in privato. Questo approccio di non imbarazzare nessuno in pubblico ha creato un ambiente di fiducia e lealtà all'interno del team. James Allison, che ha lavorato alla Ferrari durante il periodo di Schumacher, ha descritto come questa politica, implementata anche da Jean Todt, permettesse al team di concentrarsi sulle prestazioni piuttosto che sulla politica interna (Woodhouse, 2022).

Inoltre, Schumacher era noto per la sua capacità di connettersi con le persone a livello personale. Ricordava compleanni, nomi dei figli e altri dettagli importanti per i suoi compagni di squadra. Questo tipo di attenzione ai dettagli personali dimostrava il suo genuino interesse per le persone con cui lavorava. Nel suo libro "Survive. Drive. Win." Nick Fry (2019) racconta come Schumacher fosse il primo a mandargli un messaggio quando suo figlio era malato, ricordandogli l'importanza della famiglia e offrendo il suo supporto. Questa empatia e considerazione per gli altri facevano sentire le persone apprezzate e motivate a dare il meglio di sé.

Il rapporto di Schumacher con i suoi compagni di squadra rifletteva anche la sua capacità di ispirare e guidare gli altri. Alla Mercedes, dove è tornato in Formula 1 nel 2010, Schumacher è diventato un mentore per Nico Rosberg, il suo giovane compagno di squadra. Attraverso consigli e guida, ha aiutato Rosberg a comprendere l'importanza di costruire forti relazioni con gli ingegneri e di adottare un approccio più collaborativo. Questo approccio ha contribuito direttamente al successo di Rosberg nel 2016, quando ha vinto il Campionato del Mondo di Formula 1 davanti a Lewis Hamilton.

L'eredità di leadership di Schumacher si estende oltre il suo tempo alla Ferrari e alla Mercedes. Mattia Binotto, attuale capo del team Ferrari, attribuisce a Schumacher l'insegnamento di cosa significhi essere un leader (Woodhouse, 2022).

Dall'inizio della sua carriera nel 1995, Binotto ha imparato da Schumacher l'importanza del lavoro di squadra, della pazienza e della perseveranza. Queste lezioni sono state fondamentali per il modo in cui Binotto gestisce la Ferrari oggi.

La leadership di Michael Schumacher era il prodotto della sua umiltà, del rispetto per gli altri e di un'etica del lavoro infrangibile. La sua capacità di unire le persone e motivarle a dare il meglio di sé si rifletteva nel suo successo in pista e nell'eredità che ha lasciato alla Ferrari e in Formula 1 in generale. Il suo esempio ci ispira a perseguire l'eccellenza, coltivare l'umiltà e l'auto-esame, e a ricercare la collaborazione e il consenso con un obiettivo chiaro.

Il suo insegnamento è grande quanto la sua grandezza. Che questo capitolo e il lavoro di questo libro servano come tributo e gratitudine a uno dei leader che più mi hanno ispirato.

# Fernando Alonso - Umiltà

Fernando Alonso è un nome che evoca un sentimento di grandezza nel mondo della Formula 1. Nel corso della sua illustre carriera, ha vinto due campionati del mondo e ha accumulato numerose vittorie, ma oltre ai suoi successi in pista, è la sua umiltà che distingue Alonso dai suoi contemporanei.

In uno sport noto per i grandi ego e le personalità vistose, l'umiltà di

Alonso è una boccata d'aria fresca, e il suo approccio concentrato e rispettoso verso i suoi compagni di squadra, i rivali e i fan è un esempio ispiratore.

Il mondo della Formula 1 può essere spietato, con i piloti che competono al limite e le tensioni sempre alte. La loro performance definisce il loro valore nel mercato dei piloti e la loro esposizione e comportamento al di fuori del paddock influenzano l'opinione pubblica e, in ultima analisi, le loro vite. In questo senso, l'ego emerge come una difesa naturale per coloro che devono affrontare la costante pressione e le aspettative di tutta la comunità. Ma questa difesa può facilmente diventare una spada a doppio taglio, e portare i piloti ad avere atteggiamenti arroganti ed egocentrici nei confronti dei loro compagni di squadra, seguaci e, soprattutto, rivali.

In un ambiente come questo, Alonso dimostra che l'umiltà non è un segno di debolezza, ma di forza. La sua capacità di mantenere la calma e trattare tutti con rispetto, dai suoi compagni di squadra ai suoi meccanici e rivali, gli ha guadagnato l'ammirazione delle persone dentro e fuori dallo sport.

In questo capitolo, esploreremo la storia di vita di Alonso, dalle sue origini alla sua ascesa al vertice della Formula 1 e capiremo come le sue esperienze e i suoi valori abbiano plasmato il suo carattere. Attraverso esempi concreti, vedremo come la sua umiltà gli abbia permesso di costruire relazioni solide e guadagnare il rispetto dei suoi colleghi. Discuteremo anche di come possiamo imparare da Alonso e applicare le sue lezioni di umiltà nelle nostre vite, ricordando che il vero successo non si misura solo con i trofei, ma anche con l'impatto positivo che lasciamo sugli altri. Scopriremo come questo valore possa essere una fonte di forza e resilienza, permettendoci di raggiungere i nostri sogni senza perdere di vista ciò che conta davvero.

# I Primi Anni

Fernando Alonso Díaz nacque il 29 luglio 1981 a Oviedo, Asturie, in una famiglia che valorizzava l'umiltà e il duro lavoro. Suo padre, José Luis Alonso, era un appassionato di kart e lavorava come industrialista. Costruì il primo kart per suo figlio quando Fernando aveva solo 3 anni. A differenza di sua sorella maggiore, Lorena, che non era interessata al karting, Fernando si sentì immediatamente attratto dal mondo della velocità.

In un'intervista, Alonso ricordò quei primi anni e come suo padre gli trasmise il suo amore per il motorsport. "Mio padre costruì un kart per mia sorella, ma lei non voleva averci nulla a che fare. Così io, quando avevo appena tre anni, salii sul kart e mi piacque molto", disse Alonso (Bautista, 2020). Suo padre lo portava in un parcheggio per fare pratica, camminandogli accanto mentre Fernando guidava.

Nonostante la sua giovane età, il talento di Fernando divenne presto evidente. All'età di 7 anni, aveva già vinto la sua prima gara ufficiale di karting nel campionato infantile delle Asturie. Fu un momento importante per lui e per la sua famiglia, e dopo quello, Fernando e suo padre iniziarono a viaggiare per competizioni in tutta la Spagna. José Luis agiva come meccanico e consigliere, mentre Ana, la madre di Fernando, lavorava per sostenere la famiglia.

Durante quei primi anni, Fernando Alonso si distinse per la sua umiltà e il suo approccio calmo. Era sempre un bambino che amava la scuola e passare del tempo con la sua famiglia. "Mi piaceva andare a scuola e imparare cose nuove. Ero sempre ben preparato per gli esami", ricordava Alonso in un'intervista (Bautista, 2020). Ma al di fuori della scuola, la sua vera passione era il karting.

Tuttavia, la strada verso il successo non fu facile. La famiglia Alonso non aveva risorse abbondanti e competere nel mondo del karting richiedeva investimenti significativi. Ci furono momenti di dubbio e sfide finanziarie, ma il sostegno incondizionato della sua famiglia gli permise di continuare a credere nel suo sogno. In quegli anni primi, suo padre guidava una vecchia Peugeot mentre altri concorrenti arrivavano in auto di lusso, ma ciò non impedì a Fernando di dimostrare il suo talento.

In quegli anni formativi, il giovane Fernando Alonso iniziò a forgiare la sua umiltà e dedizione. Vinse i campionati locali in Asturia e Galizia, mantenendo sempre i piedi per terra. Anche se a volte competeva contro piloti che avevano più risorse, non si lasciò mai abbattere. Come ha detto: "Mio padre ed io andavamo alle gare insieme, solo noi due. Altri team avevano camion e intere squadre, ma noi avevamo una Peugeot e un kart", ricordava (Bautista, 2020).

Una delle chiavi del successo precoce di Alonso fu la sua capacità di stabilire relazioni significative con persone chiave nel mondo del karting. Uno di questi incontri fu con Genís Marcó, un importatore di kart che rimase impressionato dalle abilità di Fernando. "Mio padre ed io stavamo considerando di smettere il karting perché non potevamo permetterci di continuare a competere a quel livello. È allora che è arrivato Genís Marcó e ci ha aiutato", ha detto il campione spagnolo (Marchi, 2023). Con il suo sostegno, il giovane Fernando ebbe accesso a kart migliori e sponsor che gli permisero di continuare la sua carriera.

Il successo nel karting portò Fernando a competere in campionati internazionali, dove dimostrò il suo talento e la sua umiltà. A 14 anni, era già campione di Spagna e d'Europa nella categoria junior, un risultato che gli permise di entrare nella categoria Internazionale A. Nel 1996, fu proclamato campione del mondo junior e iniziò ad attirare l'attenzione di altri talenti del motorsport. Nel 1997, Adrián Campos, ex pilota di Formula 1 e manager, si interessò a lui e divenne il suo mentore.

Col passare del tempo, l'umiltà di Alonso divenne una parte fondamentale della sua personalità. Durante tutta la sua carriera nel karting, non smise mai di essere grato alla sua famiglia e a coloro che lo sostenevano. Ricordava sempre le sue radici e manteneva un atteggiamento umile, anche quando la sua carriera iniziò a decollare. Come ha detto: "Sarò sempre grato alla mia famiglia e a tutti quelli che mi hanno sostenuto lungo il mio percorso. Senza di loro, nulla di tutto questo sarebbe stato possibile" (Bautista, 2020).

## Raggiungere il Paddock

Nel 1999, il mondo della Formula 1 iniziò a notare il talento emergente del giovane pilota asturiano. Sebbene fosse ancora molto giovane, Alonso aveva già ottenuto riconoscimenti nel karting e nelle categorie junior, dimostrando di essere pronto per il salto in Formula 1. La sua abilità naturale e il suo approccio dedicato alla competizione lo portarono ad essere considerato una delle prospettive più brillanti nel motorsport. Quell'anno, Alonso fece un passo significativo unendosi al team Euro Open Movistar by Nissan, gestito da Adrián Campos, un ex pilota di Formula 1 che divenne il mentore e il manager di Alonso. Campos ha giocato un ruolo cruciale nella carriera di Fernando, aiutandolo a garantire opportunità e guidandolo attraverso le complessità del motorsport professionale. Con la guida di Campos, Alonso gareggiò nell'Euro Open by Nissan, una serie europea di monoposto che fungeva da trampolino di lancio per giovani talenti verso categorie superiori (Formula 1, n.d.).

In questo contesto, Alonso dimostrò rapidamente il suo valore vincendo la prima gara della stagione ad Albacete. Questo fu un momento cruciale per il giovane pilota, che aveva solo 18 anni, ed era un segno chiaro che era pronto a competere al massimo livello. Durante la stagione, Alonso vinse otto delle quattordici gare e fu incoronato campione, mostrando il suo talento e l'impegno per raggiungere l'apice dello sport. Anche quando la sua carriera decollò rapidamente, Alonso mantenne la sua umiltà e dedizione. Era noto per il suo impegno instancabile, trascorrendo ore ad analizzare i dati e a studiare ogni dettaglio della macchina e del circuito. A differenza di altri piloti che preferivano un atteggiamento più spensierato, Alonso era sempre concentrato sul miglioramento e sull'apprendimento. In quel periodo, viveva in un alloggio modesto nel sud della Spagna, condividendo lo spazio con altri giovani piloti mentre si concentrava sul suo allenamento e sviluppo (Formula 1, n.d.).

Nel 2000, Fernando Alonso si unì alla Formula 3000 International, una categoria monoposto considerata l'ultimo passo prima della Formula 1. Firmò con il team Astromega e gareggiò contro altri talenti emergenti, alcuni dei quali avrebbero fatto anche il salto in Formula 1.

Durante quella stagione, dimostrò coerenza e abilità, ottenendo diversi piazzamenti sul podio e terminando il campionato al quarto posto, una posizione notevole per un rookie. Il suo talento non passò inosservato ai team di Formula 1, che iniziarono a considerare Alonso tra i loro potenziali nuovi piloti. Giancarlo Minardi, fondatore del team Minardi, era alla ricerca di giovani talenti e vide il potenziale di Alonso. Alla fine del 2000, Minardi offrì ad Alonso un test con il team, dando al giovane pilota la sua prima esperienza in una macchina di Formula 1.

Il test con Minardi fu un momento cruciale per Alonso, poiché aprì la porta per lui per unirsi al team come pilota regolare per la stagione di Formula 1 2001. Minardi era un piccolo team con risorse limitate, ma per Alonso, era l'opportunità perfetta per dimostrare il suo valore e la sua determinazione. Fu un'opportunità che non sprecò, e la sua performance in quella stagione attirò l'attenzione di team più grandi e più consolidati. Nel 2002, dopo l'impressionante debutto con Minardi, Alonso fu ingaggiato dalla Renault come pilota di test. Sebbene questa stagione non offrisse molte opportunità competitive, servì come anno di apprendimento e adattamento per Alonso, che sfruttò ogni momento per affinare le sue abilità e familiarizzare con l'ambiente di un team di alto livello.

Sebbene Alonso si pentisse di non essere stato in grado di competere come pilota regolare quell'anno, capì che faceva parte del processo e che lo avrebbe preparato per la stagione 2003, dove si unirebbe al team Renault come pilota ufficiale, sostituendo Jenson Button. Questa transizione avviò un periodo di crescita e successo sia per Alonso che per il team Renault. Nella stessa stagione, Alonso fece il suo debutto con Renault al Gran Premio d'Australia, dove ottenne il settimo posto, guadagnando i suoi primi punti in Formula 1. Quello fu solo l'inizio di una stagione memorabile. Al Gran Premio della Malesia, Alonso, a soli 21 anni, divenne il più giovane pilota a ottenere una pole position, per poi salire sul podio, consolidando così la sua posizione come stella emergente. Grandi figure del motorsport, come Schumacher, iniziarono a notare quando, ancora timido di fronte all'attenzione dei media, il giovane Fernando Alonso camminava attraverso il paddock dopo aver messo in scena uno spettacolo sportivo senza pari. Quella stagione portò anche sfide per il giovane pilota e il suo team, ma queste non gli impedirono di ottenere diversi altri podi, compresa una storica vittoria al Gran Premio d'Ungheria, dove divenne il più giovane pilota a vincere un Gran Premio all'età di 22 anni.

La stagione successiva fu un periodo di consolidamento per Alonso e Renault. Anche se non vinse nessuna gara, dimostrò coerenza e abilità ottenendo diversi piazzamenti sul podio e prestazioni notevoli. Nonostante gli alti e bassi, Alonso mantenne la sua concentrazione e determinazione, anche in momenti impegnativi come il Gran Premio di Monaco, dove una collisione con Ralf Schumacher gli impedì di terminare la gara mentre lottava per il podio. Il 2005 fu un anno di svolta per Alonso. Fin dall'inizio della stagione, dimostrò una dominanza impressionante, ottenendo diverse vittorie consecutive, tra cui una memorabile vittoria al Gran Premio di Spagna, dove divenne il primo pilota spagnolo a vincere il suo Gran Premio di casa. Questa stagione segnò anche l'inizio della rivalità tra Alonso e Michael Schumacher, che sarebbe stato il suo principale avversario per gran parte della sua carriera.

La coerenza di Alonso e la sua capacità di rimanere calmo sotto pressione lo portarono a vincere il Campionato Mondiale di Formula 1 2005, diventando il pilota più giovane a raggiungere questo traguardo, all'età di 24 anni. Questa vittoria fu una pietra miliare significativa nella storia della Formula 1 e un riflesso dell'eccezionale talento di Alonso. L'anno 2006 consolidò ulteriormente la posizione di Alonso come uno dei migliori piloti della sua generazione. Durante la stagione, affrontò sfide, tra cui penalità e problemi meccanici, ma dimostrò la sua capacità di superare gli ostacoli e rimanere calmo in situazioni critiche. Nessuna avversità poté fermare una forza della natura come Alonso, che sfruttò le difficoltà per conquistare il suo secondo titolo mondiale piloti (Oporto, 2015).

Un anno dopo, con la convinzione che nuovi obiettivi richiedono sacrifici e cambiamenti, Alonso lasciò Renault per unirsi a McLaren, una mossa che attirò molta attenzione. Tuttavia, il suo periodo in McLaren fu tumultuoso a causa della rivalità con il suo compagno di squadra, il rookie Lewis Hamilton. Man mano che la stagione avanzava, il rapporto tra Alonso e McLaren si incrinò, con segnalazioni di discordie interne e dispute sul trattamento che i piloti ricevevano. Il conflitto raggiunse il suo apice durante il Gran Premio d'Ungheria, dove Alonso fu penalizzato per aver bloccato Hamilton durante le qualifiche, influenzando la dinamica del team. Inoltre, il 2007 fu un anno segnato dallo scandalo di spionaggio tra McLaren e Ferrari. Sebbene Alonso fosse indirettamente coinvolto nella controversia, non era direttamente responsabile della raccolta di informazioni. Alla fine della stagione, nonostante avesse vinto quattro gare e fosse arrivato terzo nel campionato piloti, Alonso lasciò McLaren a causa della tensione interna e tornò in Renault per il 2008.

Il ritorno di Alonso in Renault nel 2008 fu un tentativo di riconquistare la stabilità e il successo che aveva precedentemente sperimentato con il team francese. Anche se Renault non era al livello competitivo degli anni precedenti, Alonso dimostrò la sua capacità di ottenere il massimo dalla macchina e di ottenere risultati impressionanti. Nel 2008, Alonso vinse due Gran Premi, a Singapore e in Giappone, confermando di essere ancora uno dei migliori piloti al mondo. Tuttavia, lo scandalo "Crashgate" a Singapore, dove fu rivelato che il suo compagno di squadra, Nelson Piquet Jr., si era schiantato intenzionalmente per favorire Alonso, offuscò parte del suo successo (Coleman, 2023). Sebbene Alonso non fosse coinvolto nella cospirazione, l'incidente causò polemiche e colpì la reputazione di Renault.

Nella stagione successiva, le prestazioni di Renault non migliorarono significativamente, e Alonso, stanco della controversia e della mancanza di trasparenza all'interno del team e in disaccordo con la loro etica strategica, decise di cercare nuove opportunità per il 2010. Fu allora che annunciò il suo passaggio alla Ferrari. L'arrivo di Alonso nel team italiano fu accolto con grande entusiasmo, e le aspettative erano alte per il pilota più ambito sul mercato. Alla Ferrari, Alonso trovò un team con il potenziale per competere per i titoli ma anche sfide significative. La stagione 2010 fu una delle più emozionanti del decennio, con Alonso che lottava per il campionato fino all'ultima gara ad Abu Dhabi. Purtroppo, un errore strategico in quella gara gli costò il titolo, lasciandolo al secondo posto dietro Sebastian Vettel.

Le stagioni seguenti, dal 2011 al 2014, furono una sfida per Alonso e Ferrari. Anche se mostrò una coerenza impressionante e ottenne vittorie notevoli, la macchina della Ferrari non era abbastanza competitiva per sfidare la Red Bull e il loro pilota, Sebastian Vettel, che dominò quegli anni. Tuttavia, ogni gara sembrava essere presa come una sfida personale dall'asturiano, che, contro ogni pronostico, riuscì a ottenere risultati molto oltre le aspettative dalla macchina del team italiano (Lifona, 2016). Dopo aver lasciato la Ferrari nel 2014, Alonso tornò in McLaren, ma il team britannico, che si era alleato con Honda, soffrì di numerosi problemi di affidabilità e prestazioni. Nonostante queste difficoltà, Alonso mantenne un atteggiamento umile e lavorò duramente per ottenere il massimo dalla macchina, dimostrando la sua determinazione e spirito competitivo.

Nel 2015, McLaren-Honda ebbe problemi tecnici e non riuscì ad essere competitiva. Durante quella stagione, Alonso dimostrò la sua professionalità e impegno per il team, nonostante costanti guasti meccanici e una mancanza di velocità. Durante le conferenze stampa e le interviste, Alonso mantenne un atteggiamento rispettoso e parlò dell'importanza della pazienza e del lavoro di squadra per superare le difficoltà. Anche nelle situazioni più frustranti, Alonso non incolpava i suoi compagni di squadra o mostrava disprezzo; preferiva concentrarsi sulla costruzione di un futuro migliore per McLaren. Alla fine della stagione 2018, il doppio campione del mondo sentì che un ciclo era giunto al termine. Era il momento di dare spazio a nuovi talenti che mostravano convinzione e determinazione. Una volta che si ritirò ufficialmente, si dedicò all'esplorazione di altre discipline del motorsport. Durante il suo ritiro, Alonso mantenne un atteggiamento umile, ringraziando i suoi fan per il loro costante sostegno e sottolineando che la sua decisione non significava la fine della sua carriera nel motorsport, ma l'inizio di nuove avventure.

Ha gareggiato e vinto nelle 24 Ore di Daytona e nelle 24 Ore di Le Mans, oltre a competere nel Campionato Mondiale di Endurance con Toyota. Ha anche partecipato al Rally Dakar, dimostrando la sua versatilità come pilota. Ha anche partecipato alla Indy 500, un evento emblematico nel motorsport americano, ma non è riuscito a qualificarsi per la gara. La sua reazione a questo contrattempo fu un esempio della sua umiltà e sportività. L'asturiano era perfettamente capace di riconoscere che aveva fallito e che non si sentiva preparato a correre una gara di questa natura, poiché non aveva esperienza in quella parte del motorsport. Sorrise e ringraziò il suo team per gli sforzi compiuti, sottolineando che il fallimento è parte integrante del processo di apprendimento e non definisce il valore di una persona.

Infine, il desiderio di Alonso di competere in Formula 1 si riaccese, e nel 2021, annunciò il suo ritorno alla categoria con Alpine, il team successore di Renault. Il suo ritorno è stato accolto con entusiasmo, e Alonso ha espresso la sua gratitudine per l'opportunità di tornare in Formula 1 e lavorare con un team che occupava un posto speciale nel suo cuore. Durante il suo tempo con Alpine, Alonso ha mantenuto il suo spirito competitivo e ha dimostrato la sua capacità di adattarsi ai cambiamenti nello sport, che ora includeva nuovi volti e talenti che sfidavano le sue abilità e la sua carriera. Nel 2022, Alonso si è unito ad Aston Martin per la stagione 2023, dimostrando che, nonostante l'età e l'esperienza, poteva ancora competere al massimo livello. La sua umiltà è rimasta una caratteristica fondamentale della sua personalità, e il suo impegno per il lavoro di squadra e il rispetto per i suoi compagni di squadra era evidente. Anche nelle conferenze stampa e nelle interviste, Alonso parlava sempre del lavoro del team e di come tutti contribuissero al successo, sottolineando l'importanza dell'umiltà e dello sforzo collettivo.

# Contributi Fuori Pista

Fuori pista, Alonso ha partecipato attivamente a eventi di beneficenza, utilizzando la sua notorietà per sostenere cause caritatevoli. Fino ad oggi, continua a dimostrare il suo impegno per la responsabilità sociale e il suo desiderio di fare la differenza nella comunità. Questa umiltà e disponibilità ad aiutare gli altri riflettono il suo carattere e la sua personalità, guadagnandosi il rispetto e l'ammirazione di fan e colleghi. Nella sua vita personale, Alonso ha sempre mantenuto un profilo basso, concentrandosi sull'allenamento e sulla preparazione per le gare. Nonostante il suo status di uno dei piloti di maggior successo nella storia della Formula 1, lo spagnolo evita l'ostentazione e opta per uno stile di vita semplice incentrato sul motorsport (The World Economic Forum, 2022). Questa umiltà e dedizione al duro lavoro rimangono fondamentali per il suo successo, soprattutto nel suo recente periodo con l'Aston Martin. Nonostante le difficoltà meccaniche e l'evidente fatica del team inglese a competere con le squadre dominanti, Alonso continua a dimostrare la sua straordinaria abilità, esperienza e umanità.

# Richiesta di Recensione del Libro

Sono così felice che tu sia qui, esplorando con me le affascinanti storie e personalità della Formula 1. Se hai trovato interessanti gli approfondimenti e le narrazioni di questo libro, mi piacerebbe sentire la tua opinione!

Lasciare una recensione su Amazon aiuterà altri a scoprire questa prospettiva unica sul paddock della F1 e mi incoraggerà a continuare a esplorare e condividere queste storie.

Che si tratti di una breve nota su ciò che ti ha colpito, un commento sul tuo capitolo preferito o qualcosa che ti è rimasto impresso, apprezzerei molto il tuo feedback. Condividere i tuoi pensieri non deve essere lungo o complicato—anche poche parole possono fare una grande differenza. La tua recensione potrebbe essere ciò che ispira qualcun altro a prendere questo libro e immergersi nel mondo della strategia, passione e competizione della F1.

Se hai imparato qualcosa di nuovo o hai apprezzato l'esplorazione di queste storie, considereresti di lasciare una recensione? Valuto molto il tuo feedback e sono grato per il tuo supporto. Grazie per avermi accompagnato in questo viaggio e spero che tu continui a trovare ispirazione ed entusiasmo mentre sfogli le pagine.

# Lewis Hamilton—Perseveranza

La perseveranza è la capacità di resistere, imparare, adattarsi e crescere di fronte a ogni sfida. È la capacità di trasformare le battute d'arresto in lezioni, i fallimenti in opportunità e i momenti di incertezza in una ragione per andare avanti con maggiore forza. Lewis Hamilton è un esempio vivente di come quella radiosità possa illuminare il cammino verso il successo e l'impatto positivo.

Come uno dei piloti più di successo nella storia della Formula 1, Hamilton ha dimostrato che il successo non si misura solo in trofei e campionati, ma nella capacità di superare le sfide e abbattere le barriere. Questo capitolo esplora come la perseveranza sia diventata la forza trainante della carriera di Hamilton, portandolo a raggiungere risultati straordinari e a lasciare un segno duraturo nello sport e nella società.

Come vedremo di seguito, la storia dell'inglese inizia in modo modesto.

Man mano che avanzava nella sua carriera, ha affrontato discriminazioni e dubbi sulle sue capacità in un ambiente che poteva essere molto ostile per chiunque, specialmente per un ragazzo nero dei sobborghi. Ma non ha mai permesso che quegli ostacoli lo fermassero. Ogni sfida superata, ogni pregiudizio abbattuto, ha solo rafforzato la sua volontà. Con ogni passo avanti, ha rovesciato i pregiudizi e cambiato le percezioni, seminando un seme di diversità e rispetto che avrebbe spianato la strada per i futuri piloti provenienti da classi sociali inferiori e appartenenti a gruppi sociali emarginati. Il suo successo in pista non si misura solo in vittorie e titoli, ma anche nel coraggio di sfidare lo status quo e nell'ispirazione che ha offerto ad altri piloti di diversi background.

In questo capitolo, esamineremo come Hamilton ha utilizzato la sua posizione per combattere per la diversità, l'inclusione e la giustizia sociale. Le sue azioni, dentro e fuori dalla pista, riflettono un impegno profondo per il cambiamento positivo, ricordandoci che ognuno di noi ha il potere di fare la differenza. Esplorando la vita e la carriera di Hamilton, impareremo come la perseveranza possa essere la chiave per trasformare le nostre vite e lasciare un segno nel mondo che ci circonda. Attraverso il suo esempio, scopriremo che la strada verso il successo può essere ripida e impegnativa, ma con perseveranza e determinazione, è possibile raggiungere i nostri obiettivi e, allo stesso tempo, creare un impatto positivo nella nostra comunità.

## Inizi e Sfide Iniziali

Lewis Hamilton è nato il 7 gennaio 1985 a Stevenage, Hertfordshire. Suo padre, Anthony Hamilton, è originario di Grenada, mentre sua madre, Carmen Larbalestier, è britannica, originaria di Birmingham. Cresciuto in un ambiente familiare che celebrava la diversità, Hamilton ha però dovuto affrontare fin da giovane sfide e ingiustizie legate al suo aspetto, specialmente al di fuori della sua casa. La resilienza sviluppata durante l'infanzia sarebbe stata cruciale per il giovane Lewis nella sua carriera sportiva, dove si è sempre distinto in uno sport in cui la maggior parte dei volti non assomigliava al suo (Hamilton, 2010).

I genitori di Hamilton si separarono quando aveva solo due anni e per la maggior parte della sua infanzia visse con sua madre e le sue due sorellastre, Samantha e Nicola. Tuttavia, la sua vita cambiò significativamente all'età di 12 anni quando si trasferì a vivere con suo padre, la sua matrigna Linda e il suo fratellastro Nicolas, che avrebbe anche lui intrapreso una carriera nel motorsport professionistico. Cresciuto come cattolico, Hamilton condusse una vita relativamente tranquilla, ma le sfide della separazione familiare e del cambiamento di ambiente lo influenzarono profondamente.

Il giovane Lewis trovò rifugio dalle turbolenze della vita nello sport. Suo padre lo descrisse in seguito come un bambino irrequieto e allegro (Eidell, 2024). All'età di 5 anni, suo padre gli comprò una macchina telecomandata e l'anno successivo stava già gareggiando nel campionato nazionale della British Radio Car Association (BRCA), dove si distinse finendo al secondo posto, competendo contro adulti. Questo fu un risultato impressionante per qualcuno così giovane, ma il suo percorso non sarebbe stato facile. Essendo l'unico bambino nero a competere nel suo club, Hamilton subì abusi razzisti, qualcosa che avrebbe dovuto imparare ad affrontare con l'aiuto e il supporto della sua famiglia.

All'età di 6 anni, suo padre gli regalò un go-kart per Natale e gli promise di sostenere la sua carriera nel motorsport a patto che lavorasse sodo a scuola. L'impegno di Anthony per il successo di suo figlio era assoluto; lasciò il suo lavoro come manager IT per lavorare come appaltatore e spesso gestiva fino a quattro lavori per finanziare la carriera di karting di suo figlio. Vendette finestre a doppio vetro, lavò piatti e persino montò cartelli per agenti immobiliari, tutto mentre partecipava alle gare di Lewis e gli forniva il supporto emotivo di cui aveva bisogno.

L'istruzione di Hamilton avvenne alla John Henry Newman School, una scuola cattolica a Stevenage. Per proteggersi dal bullismo scolastico, prese lezioni di karate a partire dall'età di 5 anni. Hamilton affrontò anche difficoltà a scuola, come quando fu ingiustamente espulso a causa di un errore di identità in seguito a un incidente violento, in cui erroneamente si pensava avesse attaccato un compagno di classe. Lo stigma fu travolgente, ma il giovane Hamilton trovò conforto e felicità nello sport. Giocò a calcio per la squadra della sua scuola insieme a futuri professionisti come Ashley Young ed era un devoto tifoso dell'Arsenal.

La carriera nel motorsport di Lewis Hamilton iniziò nel 1993 quando aveva solo 8 anni (Benson, n.d.). Fu allora che salì per la prima volta su un kart e il suo talento naturale divenne immediatamente evidente. Presto, il promettente giovane pilota iniziò a vincere gare e campionati nella categoria cadetti, mostrando una abilità e una concentrazione che si distinguevano tra i suoi concorrenti. Solo due anni dopo, all'età di 10 anni, divenne il pilota più giovane a vincere il British Cadet Karting Championship, un risultato impressionante che lo mise sotto il radar della comunità del motorsport.

Quello stesso anno, il 1995, Hamilton ebbe un momento chiave che avrebbe plasmato il corso della sua carriera. Durante la cerimonia di premiazione di Autosport, si avvicinò al capo del team McLaren di Formula 1, Ron Dennis, per chiedere un autografo. Fu allora, con la sicurezza di un bambino che sa cosa vuole, che Hamilton disse: "Ciao, sono Lewis Hamilton. Ho vinto il campionato britannico e un giorno voglio correre con le tue macchine." Dennis, impressionato dall'audacia del giovane pilota, scrisse nel libro degli autografi di Hamilton: "Chiamami tra nove anni; faremo qualcosa." Sebbene fosse solo una promessa informale, fu l'inizio di una connessione che si sarebbe rivelata cruciale per la carriera di Hamilton (Hamilton, 2010).

Per la gioia del giovane Lewis, dovette aspettare molto meno. Tre anni dopo quell'incontro, nel 1998, Ron Dennis mantenne la sua promessa e chiamò Hamilton dopo che il giovane pilota vinse il suo secondo titolo nella serie Super One e il campionato britannico. Dennis offrì a Hamilton un posto nel programma di sviluppo piloti della McLaren, con l'opzione di una futura posizione in Formula 1. Questo fece di Hamilton il pilota più giovane a ottenere un contratto che lo avrebbe portato in Formula 1.

Hamilton continuò a progredire rapidamente attraverso le categorie di karting, passando dall'Intercontinental A alla Formula A, fino a raggiungere la Formula Super A. Nel 2000, divenne campione europeo con il punteggio più alto, consolidando la sua reputazione come uno dei piloti più promettenti della sua generazione. Durante questo periodo, condivise un team con Nico Rosberg, che in seguito avrebbe raggiunto anche lui la Formula 1 con i team Williams e Mercedes. L'amicizia e la sana rivalità tra Hamilton e Rosberg crebbero. Nessuno dei due giovani piloti avrebbe potuto immaginare il futuro straordinario che li attendeva nel paddock e che avrebbero vissuto insieme.

La carriera di karting di Lewis Hamilton lo ha portato anche a competere contro alcuni dei grandi nomi del motorsport. Nel 2001, il grande Michael Schumacher fece un ritorno occasionale alle corse di kart, partecipando a un evento in cui gareggiavano anche Hamilton e altri futuri piloti di Formula 1 come Vitantonio Liuzzi e Nico Rosberg. A soli 16 anni e con la sua carriera nelle corse ancora agli inizi, Hamilton finì settimo nella finale, quattro posti dietro Schumacher. Il sette volte campione del mondo fu così impressionato dalle abilità magistrali del giovane britannico che lodò pubblicamente la sua mentalità da corsa e predisse un futuro brillante per lui (Formula 1, 2023; Christensen, 2022).

Nello stesso anno, Lewis iniziò a studiare alla Cambridge Arts and Sciences, una scuola secondaria privata a Cambridge, continuando la sua formazione accademica mentre perseguiva la sua passione per le corse.

Con la sua rapida ascesa nel karting, il British Racing Drivers' Club riconobbe il potenziale di Hamilton e lo nominò "Rising Star", un onore riservato ai giovani piloti con un brillante futuro davanti (Christensen, 2022). Hamilton aveva dimostrato di avere il talento, il coraggio e la perseveranza per andare lontano nel motorsport, e con il sostegno di Ron Dennis e del team McLaren, era pronto a fare il prossimo passo verso una carriera professionale che lo avrebbe portato al vertice della Formula 1.

La sua carriera fece un salto significativo quando iniziò a competere nella British Formula Renault Winter Series nel 2001, finendo quinto nel campionato. Da lì, i suoi progressi furono costanti e pieni di successi, dimostrando che il suo talento nel karting poteva tradursi in vittorie nelle categorie monoposto. Nel 2002, Hamilton si unì a Manor Motorsport per competere in Formula Renault UK, dove finì quinto nella classifica generale. La sua performance durante quella stagione gli garantì un posto per la campagna successiva con Manor, dove si distinse vincendo il campionato, superando rivali come Alex Lloyd.

Dopo aver assicurato il titolo, l'inglese saltò le ultime due gare della stagione per fare il suo debutto nel British Formula 3 Championship al suo ultimo round. Tuttavia, il suo debutto in Formula 3 fu sfortunato; nella prima gara, subì una foratura, e nella seconda, una collisione con il suo compagno di squadra, Tor Graves, lo portò in ospedale. Dopo l'intervento chirurgico e il riposo, si riprese completamente e tornò in pista per terminare il campionato.

L'anno successivo, gareggiò nel campionato completo della Formula 3 Euro Series con Manor Motorsport, dove finì quinto nella classifica generale. Vinse anche il prestigioso Bahrain F3 Superprix e gareggiò due volte nell'iconico Macau Formula 3 Grand Prix. Il giovane pilota britannico era sulla buona strada per dimostrare il suo valore nel competitivo mondo della Formula 3. Durante questo periodo, Williams era vicina a firmare Hamilton, ma la mancanza di sostegno finanziario dal loro fornitore di motori, BMW, portò al crollo dell'accordo. Tuttavia, Hamilton rinnovò il contratto con McLaren, riaffermando il suo legame con il team che aveva creduto in lui fin dai suoi giorni di karting (Benson, n.d.).

Nel 2004, Hamilton effettuò il suo primo test con McLaren al circuito di Silverstone, un momento cruciale che segnalava la sua entrata nel radar del team per future opportunità in Formula 1. Lo stesso anno, si unì al team ASM per competere nella Formula 3 Euro Series 2005, dove dominò il campionato, vincendo 15 delle 20 gare.

Il passo successivo per Hamilton fu la GP2, la categoria appena sotto la Formula 1. Nel 2006, gareggiò con ART Grand Prix, il team sorella di ASM, e vinse il campionato al suo primo tentativo, battendo rivali come Nelson Piquet Jr. e Alexandre Prémat. La sua performance in GP2 fu eccezionale; ottenne una vittoria dominante al Nürburgring nonostante avesse ricevuto una penalità per eccesso di velocità nella corsia dei box. A Silverstone, la sua gara di casa, eseguì una mossa impressionante, sorpassando due rivali a Becketts, una sezione di curve veloci dove i sorpassi sono insoliti. A Istanbul, mostrò la sua capacità di recuperare da contrattempi, passando dal 18° posto al secondo dopo un'imprevista giravolta (Benson, n.d.).

La vittoria di Hamilton in GP2 coincise con una vacanza in McLaren dopo che Juan Pablo Montoya lasciò il team per unirsi alla NASCAR e Kimi Räikkönen si trasferì alla Ferrari. L'annuncio della sua promozione a McLaren per la stagione 2007 generò molte speculazioni su chi sarebbe stato il compagno di squadra di Fernando Alonso, il campione del mondo in carica. Dopo mesi di voci, Hamilton fu confermato come secondo pilota del team, anche se la notizia non fu resa pubblica immediatamente per evitare di oscurare l'annuncio del ritiro di Michael Schumacher. Il palcoscenico era pronto per il tanto atteso debutto in Formula 1 di Hamilton, e il mondo del motorsport attendeva con impazienza di vedere come questo giovane talento si sarebbe comportato al massimo livello dello sport.

Il debutto di Lewis Hamilton in Formula 1 nel 2007 segnò un momento di trasformazione epocale per il mondo del motorsport. Essendo il primo pilota nero a competere al massimo livello dello sport, il suo ingresso in pista fu un simbolo di cambiamento e un campanello d'allarme per un'industria a lungo segnata da insularità, pregiudizi e mancanza di diversità. Per molti giovani piloti di minoranze razziali in tutto il mondo, vedere Hamilton sul podio nella sua prima gara rappresentava la promessa di un futuro in cui il talento e la determinazione potevano superare le barriere storiche di razza e pregiudizio.

La sua prima stagione con McLaren nel 2007 fu spettacolare, facendo coppia con il due volte campione del mondo Fernando Alonso. Hamilton fece subito colpo raggiungendo il podio al suo debutto e poi vincendo il suo primo Gran Premio in Canada, solo al suo sesto tentativo. Durante la stagione, stabilì diversi record, tra cui il maggior numero di podi consecutivi dal debutto (nove) e il maggior numero di punti in una stagione di debutto. Nonostante il suo successo, il suo rapporto con Alonso e il team McLaren divenne teso, culminando nella rescissione del contratto di Alonso a novembre. Hamilton si classificò secondo nel Campionato Mondiale Piloti 2007, mancando il titolo per un solo punto a favore di Kimi Räikkönen.

L'anno successivo, l'inglese ottenne il suo primo Campionato Mondiale Piloti in una emozionante finale di stagione (Benson, n.d.). Durante tutto il 2008, accumulò cinque vittorie e dieci podi, tra cui una memorabile vittoria al Gran Premio di Gran Bretagna sotto la pioggia, una delle migliori prestazioni in condizioni di bagnato nella storia della Formula 1. Il culmine della stagione arrivò al Gran Premio del Brasile, dove Hamilton aveva bisogno di finire almeno al quinto posto per vincere il campionato. In una svolta drammatica, sorpassò Timo Glock nelle ultime curve per assicurarsi il titolo, diventando il campione più giovane di allora e il primo pilota britannico a vincere il campionato dal 1996 di Damon Hill (Eidell, 2024).

Gli anni successivi alla McLaren furono segnati da alti e bassi. Nel 2009, la macchina non era competitiva e, sebbene Hamilton ottenne alcune vittorie, la stagione fu impegnativa. Nonostante ciò, Hamilton rimase ottimista e lavorò duramente per ottenere il massimo dalla macchina. Nel 2010, entrò nell'ultima gara con la possibilità di vincere il titolo ma finì quarto nel campionato. Nel 2011, una stagione in cui le distrazioni personali e gli scontri con la FIA influenzarono le sue prestazioni, fu superato dal suo compagno di squadra Jenson Button. Tuttavia, tornò forte nel 2012, vincendo quattro gare nonostante problemi di affidabilità e errori operativi del team. Alla fine del 2012, Hamilton annunciò la sua sorprendente partenza dalla McLaren per unirsi alla Mercedes nel 2013, sostituendo il ritirato Michael Schumacher.

All'arrivo in Mercedes nel 2013, Hamilton si riunì con il suo ex compagno di squadra nel karting, Nico Rosberg. Sebbene molti considerassero il suo passaggio alla Mercedes un rischio, la nuova era dei motori turbo-ibridi introdotta nel 2014 rese il team una forza dominante. Hamilton vinse il suo secondo titolo mondiale nel 2014 e continuò la sua dominanza nel 2015, raggiungendo l'apice del motorsport con la sua terza corona mondiale. La sua rivalità con Rosberg si intensificò, culminando nel Gran Premio degli Stati Uniti 2015, dove Hamilton assicurò il titolo in una emozionante battaglia ruota a ruota. La stagione 2016 fu controversa, con Rosberg che superò Hamilton di cinque punti per vincere il titolo prima di ritirarsi dallo sport.

A partire dal 2017, Hamilton affrontò una intensa battaglia per il titolo con Sebastian Vettel della Ferrari. Nel 2017 e 2018, Hamilton dimostrò una coerenza impressionante, superando Vettel per assicurarsi i suoi quarto e quinto titoli mondiali. La stagione 2019 fu un altro anno dominante per Hamilton, che assicurò il suo sesto campionato al Gran Premio degli Stati Uniti e stabilì nuovi record per punti e podi. La stagione 2020, segnata dalla pandemia di COVID-19, vide Hamilton vincere il suo settimo titolo mondiale, eguagliando il record di Schumacher, nonostante avesse perso una gara a causa della conformità con la quarantena del coronavirus. Quest'anno segnò la fine della dominanza di Hamilton e Mercedes… per ora.

Nello stesso anno gli fu conferito il titolo di "Sir" come parte della lista degli onori di Capodanno della Regina, che riconosceva i suoi eccezionali successi in Formula 1 e anche il suo impegno a promuovere l'uguaglianza e la giustizia sociale (Formula 1, 2020). Per il sette volte campione del mondo, essere nominato cavaliere era una testimonianza del suo impatto al di là della pista. Questo titolo rifletteva come il suo successo e la sua voce avessero ispirato milioni di persone, dimostrando che la grandezza si misura non solo in trofei e vittorie, ma anche nell'impegno a rendere il mondo un luogo più giusto ed equo. Per la comunità nera e altri gruppi sottorappresentati, il riconoscimento era un simbolo che il cambiamento è possibile e che le barriere possono essere superate, soprattutto quando la perseveranza e la dedizione sono la guida. Sir Lewis Hamilton rappresenta un modello di ruolo, non solo per coloro che aspirano a essere campioni nel motorsport, ma per tutti coloro che lottano per un futuro più inclusivo e diversificato.

L'anno successivo, il 2021, ha assistito a una feroce rivalità tra Hamilton e il neofita Max Verstappen della Red Bull. La stagione culminò in un controverso Gran Premio di Abu Dhabi, dove Verstappen vinse il suo primo titolo all'ultimo momento dopo decisioni discutibili del direttore di gara. Nonostante la polemica, Hamilton continuò a dimostrare la sua abilità e resilienza, superando le 100 vittorie e pole position durante la stagione.

Nel 2022, Mercedes affrontò difficoltà tecniche con una macchina problematica, e Hamilton lottò per rimanere competitivo. Nonostante queste sfide, Hamilton ottenne diversi podi e stabilì diversi record di gara, anche se non vinse nessuna gara o assicurò una pole position per la prima volta nella sua carriera in Formula 1. Durante questa stagione, Mercedes annunciò il rinnovo del contratto di Hamilton fino al 2025, ma prima dell'inizio della stagione 2024, Hamilton decise di esercitare una clausola di uscita per lasciare il team alla fine del 2024, cercando nuove sfide, poiché la stagione 2024 vide Mercedes fallire nel costruire una macchina degna di un sette volte campione (Mercedes AMG F1, n.d.).

Per il 2025, Hamilton si unirà alla Ferrari, realizzando un sogno d'infanzia. Il suo arrivo alla Ferrari è stato accolto come una delle più grandi sorprese nella storia della Formula 1, segnando la prima volta che Hamilton non avrebbe guidato una macchina alimentata da Mercedes. Questo cambiamento metterà fine al suo record per la maggior parte delle stagioni consecutive con un singolo costruttore, ma apre un nuovo capitolo nella carriera di uno dei piloti di maggior successo di tutti i tempi (Meredith, 2024). Guidato dalla sua inarrestabile perseveranza e determinazione, Hamilton si appresta a scrivere un nuovo capitolo nella storia della Formula 1, questa volta con l'iconico team Ferrari.

# Impatto e Advocacy

Sir Lewis Hamilton è un simbolo di cambiamento e impegno sociale. Grazie al suo lavoro nella lotta contro il razzismo, la promozione della diversità, la difesa dei diritti umani, e la protezione dell'ambiente e degli animali, così come il suo gusto stravagante per la moda, è diventato un'icona dell'attivismo e della difesa dei diritti.

Essendo il primo e, fino ad oggi, l'unico pilota nero a competere in Formula 1, Hamilton ha affrontato sfide uniche, tra cui il razzismo dentro e fuori dalla pista. Durante la sua carriera, è stato oggetto di abusi razzisti da parte dei tifosi e spesso è stato trattato in modo diseguale dai media e dai critici, spesso a causa della sua etnia. Hamilton, tuttavia, ha utilizzato queste esperienze come un motore per guidare il cambiamento. È stato molto esplicito sulla necessità di una maggiore diversità nello sport, non solo tra i piloti ma anche tra i team e il personale tecnico.

Hamilton ha sempre sostenuto attivamente l'inclusione e l'equità. Nel 2020, dopo l'omicidio di George Floyd e le proteste globali, Hamilton si è affermato come una voce prominente nel movimento Black Lives Matter, inginocchiandosi prima di ogni gara e indossando magliette con messaggi a sostegno del movimento (Suhalka, 2022). Ha anche criticato i suoi colleghi e la Formula 1 per la loro mancanza di reazione al razzismo sistemico. Attraverso la Hamilton Commission, un gruppo di ricerca che ha fondato per affrontare la mancanza di diversità nel motorsport, ha lavorato per identificare le barriere che impediscono alle persone di colore e ad altre minoranze di partecipare allo sport e ha proposto soluzioni concrete per superarle (Hamilton, 2010).

Nel 2021, ha lanciato Mission 44, una fondazione dedicata a potenziare i giovani provenienti da contesti sottorappresentati per raggiungere i loro obiettivi attraverso l'educazione e l'occupazione. Hamilton ha impegnato 25 milioni di dollari della sua ricchezza personale per sostenere questa causa. Ha anche collaborato con Mercedes per creare Ignite, un'iniziativa congiunta per aumentare la diversità nel motorsport, concentrandosi su opportunità educative e supporto finanziario per coloro che cercano carriere nello sport.

Oltre al suo impegno per la diversità e l'inclusione, Hamilton è anche un sostenitore della sostenibilità e dei diritti degli animali. Dal 2017, Hamilton segue una dieta vegana, spinto da preoccupazioni per il benessere degli animali, l'ambiente e la salute personale. È stato molto esplicito sull'impatto ambientale dell'industria della carne e ha lavorato per ridurre la sua impronta di carbonio, vendendo il suo jet privato e adottando veicoli elettrici (Powell, 2023). Il suo veganismo si traduce anche in attivismo, sostenendo organizzazioni che combattono il traffico illegale di fauna selvatica e promuovendo alternative sostenibili nel motorsport, come l'uso di materiali vegani nelle auto (Enjoli, 2022).

Hamilton usa la sua piattaforma per sostenere queste cause e la sua presenza sui social media per diffondere messaggi positivi sull'inclusione, la giustizia sociale e la sostenibilità. Investe anche in imprese sostenibili e sostiene diverse organizzazioni di beneficenza, tra cui UNICEF, Save the Children e la Make-A-Wish Foundation. Il suo impegno per il cambiamento positivo è una testimonianza di come gli atleti possano usare la loro influenza per rendere il mondo un posto migliore (Powell, 2023; Enjoli, 2022). Come leader nello sport e attivista per cause sociali, Hamilton ha dimostrato che essere un vero campione richiede più del semplice talento: servono cuore, coraggio e la determinazione a cambiare il mondo per il meglio.

# Eredità di Perseveranza

L'eredità di perseveranza di Lewis Hamilton è un promemoria del potere della determinazione e della compassione per cambiare il mondo. Nel corso della sua vita, Hamilton ha affrontato sfide che avrebbero fatto tornare indietro molti, ma invece, hanno plasmato il suo carattere e forgiato la sua personalità gentile, umile e compassionevole. Dal suo inizio in una famiglia della classe operaia a Stevenage fino a diventare campione del mondo di Formula 1, il viaggio di Hamilton è stato caratterizzato da uno sforzo incessante e dalla ferma convinzione che ogni ostacolo possa essere superato.

Hamilton è cresciuto in un ambiente che non offriva necessariamente un percorso chiaro verso il successo nel motorsport. La sua famiglia non aveva le risorse tipiche dei giovani piloti di auto da corsa, e spesso ha dovuto affrontare razzismo e discriminazione. Fin da giovane, è stato soggetto ad abusi razziali, sia a scuola che sulle piste di karting, e queste esperienze lo hanno portato a imparare a difendersi pur trattando gli altri con empatia e rispetto.

Il suo percorso verso il vertice non è stato lineare. Hamilton ha affrontato rifiuti, pregiudizi e dubbi sulla sua capacità di competere ai massimi livelli. Nonostante queste avversità, ha perseverato, rimanendo concentrato sui suoi sogni e lavorando instancabilmente per dimostrare il suo valore. Il sacrificio e l'impegno di suo padre, che ha lavorato in diversi lavori per sostenere la sua carriera, lo hanno anche motivato a non arrendersi mai, anche quando le probabilità sembravano contro di lui.

L'atteggiamento del sette volte campione nei confronti del successo è sempre stato un mix di umiltà e fiducia. Nonostante abbia vinto sette campionati del mondo e battuto numerosi record, non ha mai lasciato che la fama lo cambiasse. La sua disponibilità a lavorare in squadra e il modo in cui celebra le sue vittorie con i suoi compagni di squadra riflettono la sua gratitudine per coloro che lo hanno aiutato ad arrivare lì. Inoltre, la sua empatia e umiltà lo hanno portato a usare la sua piattaforma per sostenere cause importanti e ispirare gli altri a credere in se stessi, indipendentemente dalle loro origini.

La sua eredità di perseveranza risplende nel suo attivismo e nella sua difesa instancabile della diversità e dell'inclusione. Sa che la sua posizione come unico pilota nero in Formula 1 lo pone in un ruolo unico per guidare il cambiamento. Sostenendo la giustizia sociale e le pari opportunità, Hamilton dimostra che il successo personale può e deve essere utilizzato per creare un impatto positivo sulla società.

La sua storia ci insegna che ogni sfida è un'opportunità di crescita e che il percorso verso il successo può essere difficile, ma con perseveranza e compassione, è possibile raggiungere grandi altezze e rendere il mondo un posto migliore. Il modo in cui Hamilton ha superato le avversità e ha scelto di usare la sua posizione per il bene comune ci ispira tutti a essere più gentili, più resilienti e impegnati nelle nostre lotte e, in definitiva, a lasciare un segno positivo nel nostro ambiente.

# "Toto" Wolff—Strategia

Nella vita di tutti i giorni, affrontiamo sfide che richiedono più di semplici soluzioni. Abbiamo bisogno di una mentalità strategica per andare avanti. Essere un stratega significa vedere il quadro generale, anticipare gli ostacoli e prendere decisioni audaci per raggiungere i nostri obiettivi. La strategia è uno strumento essenziale per gestire situazioni complicate e trasformare i problemi in opportunità.

"Toto" Wolff, l'attuale leader del team Mercedes-AMG Petronas in Formula 1, è un eccellente esempio di qualcuno che ha padroneggiato l'arte della strategia. Dal gestire le persone al prendere decisioni critiche in momenti di alta pressione, Wolff dimostra che la strategia è la chiave per il successo sostenibile. Le sue abilità offrono lezioni preziose per chiunque voglia affrontare le sfide della vita con un approccio più calcolato ed efficace.

Il ruolo di Wolff come capo di un team di Formula 1 richiede di unire persone con competenze ed esperienze diverse verso un obiettivo comune. La sua strategia si basa su una profonda comprensione delle dinamiche umane e dell'importanza di mantenere tutti motivati e concentrati. Questo tipo di leadership strategica è applicabile a qualsiasi ambiente, sia sul lavoro, a casa o nella comunità.

In questo capitolo, esploreremo come le abilità strategiche di "Toto" Wolff possano insegnarci ad essere più efficaci nella nostra vita quotidiana. Dal prendere decisioni sotto pressione alla gestione dei team e all'equilibrio tra rischi e ricompense, le sue esperienze nel mondo della Formula 1 ci mostreranno come un approccio strategico possa fare la differenza tra il successo e il fallimento.

Se hai mai affrontato una sfida che sembra insormontabile o ti sei chiesto come prendere le decisioni giuste per andare avanti, questo capitolo ti darà gli strumenti e le conoscenze per affrontare i tuoi problemi con una mentalità strategica.

# Dalla finanza alla Formula 1

Nato il 12 gennaio 1972 a Vienna, Austria, da madre polacca e padre rumeno, Torger Christian Wolff, o "Toto" come lo chiamavano i suoi genitori fin da bambino, ha avuto un'infanzia piena di sfide. Sua madre era un medico e suo padre, un uomo d'affari, fu diagnosticato con un tumore al cervello quando Toto aveva solo 8 anni. La malattia portò alla separazione dei suoi genitori e segnò l'inizio di tempi difficili per il giovane Wolff (Enzinger, 2011).

Toto Wolff iniziò a dimostrare le sue capacità strategiche e la sua determinazione fin da giovane. Frequentò il prestigioso Lycée Français de Vienne, dove eccelleva accademicamente e acquisì una visione più ampia della vita. Nonostante le difficoltà personali, rimase concentrato e impegnato nei suoi studi, gettando le basi per la sua futura carriera.

Il suo primo incontro con le corse avvenne all'età di 17 anni quando andò a vedere un amico competere al circuito del Nürburgring (Silbermann, 2016). L'eccitazione e l'adrenalina del motorsport catturarono la sua attenzione e presto si trovò a correre nel Campionato Austriaco di Formula Ford. Tra il 1992 e il 1994, Wolff partecipò a diverse gare di Formula Ford in Austria e Germania, dimostrando la sua abilità e tenacia in pista. Il suo risultato più significativo durante questo periodo fu la vittoria nella sua categoria alla 24 Ore del Nürburgring nel 1994 (Fanamp, 2023).

Tuttavia, Wolff aveva un occhio per gli affari e un approccio pragmatico alla vita. Decise di concentrarsi sulla sua carriera imprenditoriale, studiando all'Università di Economia e Commercio di Vienna. Nel 1998, fondò la sua prima società di investimenti, Marchfifteen, seguita da Marchsixteen. Sebbene inizialmente focalizzato sugli investimenti in aziende tecnologiche e internet, il suo approccio si espanse agli investimenti strategici in aziende industriali e quotate in borsa.

Nonostante il successo negli affari, la passione di Wolff per il motorsport non venne mai meno. Nel 2002, questa passione riemerse, portandolo a tornare alle corse, questa volta come co-proprietario di una società di gestione piloti insieme al due volte campione del mondo di Formula 1 Mika Häkkinen. Wolff trovò un modo per unire la sua passione per le corse e il suo acume negli affari nel 2009 quando acquistò una quota del team Williams di Formula 1. Questo investimento fu cruciale, poiché gli permise di entrare nel mondo della Formula 1 da una posizione di leadership.

Nel 2012, Wolff fu nominato Direttore Esecutivo di Williams. Guidò il team in un momento critico e contribuì alla loro prima vittoria in otto anni al Gran Premio di Spagna. Il tempo di Toto Wolff alla Williams lo aiutò a perfezionare le sue capacità di leadership e strategiche. Durante il suo mandato, lavorò per migliorare l'efficienza e le prestazioni, dandogli una chiara prospettiva su come gestire un team nel mondo altamente competitivo della Formula 1. Il suo approccio strategico e la capacità di lavorare con le persone furono fondamentali per il suo successivo successo con la Mercedes.

Nel 2013, Wolff si unì al team Mercedes-AMG Petronas Formula One come Direttore Esecutivo e partner, acquisendo una quota del 30% del team. Questo passaggio segnò l'inizio di un'era d'oro per la Mercedes, dove la leadership strategica di Wolff fu cruciale nel portare il team a una serie di successi senza precedenti.

Uno dei suoi primi successi fu stabilire il team come una forza dominante nell'era dei motori ibridi, iniziata nel 2014. Sotto la sua guida, la Mercedes vinse il Campionato Costruttori e Piloti per sette anni consecutivi, un record storico in Formula 1.

La sua leadership era caratterizzata da una combinazione di rigore analitico, capacità di gestione delle persone e un'innata capacità di identificare e sviluppare talenti. Wolff non solo si concentrò sul massimizzare le prestazioni del team in pista, ma anche sulla creazione di una cultura del lavoro che promuovesse l'eccellenza e la collaborazione. Una delle sue filosofie chiave era l'approccio di "leadership a porte aperte", dove i membri del team si sentivano valorizzati e incoraggiati a contribuire con idee innovative.

Wolff giocò anche un ruolo cruciale nello sviluppo dei piloti all'interno del team. Sotto la sua direzione, la Mercedes firmò con Lewis Hamilton, che sarebbe diventato uno dei piloti di maggior successo nella storia della Formula 1 (Barstow, 2020). Il successo di Hamilton, insieme alla costanza del team, dimostrò l'attenzione di Wolff per il talento e le prestazioni sostenute. Il suo ruolo di stratega fu essenziale nelle decisioni chiave relative allo sviluppo delle auto e alla gestione delle gare.

Wolff si distinse per la sua capacità di adattarsi alle condizioni mutevoli e di adeguare di conseguenza la strategia del team. Un esempio notevole fu la gestione dell'incidente della W13 nel 2022, una sfida importante che portò la Mercedes a riconsiderare il suo approccio tecnico e strategico. Oltre al successo in pista, Wolff fu anche un sostenitore della diversità e dell'inclusione nel motorsport. Lavorò per ampliare le opportunità per le donne nello sport e promosse iniziative per attrarre persone di diversa provenienza nel mondo della Formula 1.

Nel 2020, Wolff firmò un nuovo contratto con la Mercedes, estendendo il suo ruolo di Direttore Esecutivo e leader del team fino al 2023 (Barstow, 2020). Questo accordo garantì la sua continuità, consentendo alla Mercedes di mantenere il suo slancio in uno sport in cui il cambiamento è l'unica costante.

# Le Ripercussioni

Sappiamo già chi è Toto Wolff, una figura di rilievo e talvolta controversa nel mondo del motorsport. Ora, possiamo esaminare le ripercussioni delle decisioni strategiche più rischiose di Toto Wolff nella sua carriera. Cominciamo con una delle sue scommesse più audaci e famose: lo sviluppo e il lancio della W13, l'auto che il team Mercedes-AMG Petronas Formula One ha utilizzato per la stagione 2022. Durante quel periodo, i rischi intrinseci dell'innovazione e dell'audacia nella competizione di alto livello sono stati esposti, mostrando che anche i leader più astuti possono affrontare sfide inaspettate.

La W13 era il veicolo che il team Mercedes-AMG Petronas Formula One ha presentato per la stagione di Formula 1 2022, un'auto progettata per competere secondo i nuovi regolamenti tecnici della FIA. Questi cambiamenti miravano ad aumentare la competizione e a migliorare le capacità di sorpasso in pista. In qualità di leader e stratega del team, Wolff era responsabile di guidare la Mercedes attraverso questa transizione, ma il design della W13 si è rivelato un rischio significativo con conseguenze inaspettate.

Uno degli aspetti più notevoli della W13 era il suo design innovativo, che includeva una struttura del corpo altamente raffinata e un concetto di pavimento unico. Tuttavia, questo audace approccio ha presto rivelato gravi problemi legati al "porpoising", un fenomeno che ha provocato vibrazioni oscillanti ad alte velocità a causa dell'aerodinamica dell'auto. Questo problema non solo ha influenzato le prestazioni del veicolo in pista, ma ha anche causato disagio ai piloti, in particolare a Lewis Hamilton, che ha avuto mal di schiena dopo le prime gare della stagione (Daly, 2023).

Wolff, noto per la sua capacità di prendere decisioni strategiche sotto pressione, ha dovuto affrontare il problema della W13 con urgenza. Mentre altri team concorrenti come Red Bull e Ferrari ne approfittavano, la Mercedes faticava a trovare soluzioni al "porpoising", che ha gravemente influenzato i loro risultati nelle prime gare della stagione. Wolff ha dovuto ristrutturare le priorità del team per mitigare il problema, che coinvolgeva la revisione del design del veicolo e la rivalutazione della strategia generale del team.

Il processo di risoluzione di questi problemi ha avuto un impatto significativo sull'intero team. Lo stress e la pressione sono aumentati, e la dinamica all'interno della Mercedes, che aveva dominato la Formula 1 per anni, è stata messa alla prova. Le decisioni di Wolff sono state fondamentali per stabilizzare il team e cercare soluzioni, mantenendo allo stesso tempo il morale e promuovendo la resilienza durante i momenti difficili (Hughes, 2023). Mentre la Mercedes cercava di correggere il suo corso, la Red Bull ha colto l'opportunità per guadagnare terreno, segnando l'inizio di un nuovo capitolo in Formula 1.

I problemi della W13 non solo hanno influenzato la Mercedes, ma hanno avuto ripercussioni anche nel panorama più ampio della Formula 1. Le difficoltà del team nell'adattarsi ai nuovi regolamenti hanno dato a Red Bull e al suo pilota di punta, Max Verstappen, l'opportunità di prendere il comando nella competizione per il titolo della stagione 2022. Questo spostamento dell'equilibrio di potere è stato un promemoria della natura volatile e competitiva della Formula 1, dove anche i team di maggior successo possono affrontare contraccolpi significativi.

La sfida della W13 e la risposta di Toto Wolff hanno dimostrato che la leadership e la strategia in Formula 1 richiedono adattabilità e creatività. L'incidente ha servito come un chiaro esempio di come un rischio calcolato possa avere conseguenze imprevedibili, influenzando sia le prestazioni del team che il panorama competitivo più ampio. Tuttavia, ha anche evidenziato la resilienza di Wolff e la sua capacità di guidare la Mercedes attraverso momenti difficili cercando soluzioni innovative per tornare al top.

## La Natura Bilaterale della Strategia

L'arte della strategia è una disciplina complessa e sfaccettata che spesso definisce il successo in ambienti competitivi come la Formula 1. Coinvolge una profonda comprensione del panorama attuale, la capacità di anticipare le tendenze future e la volontà di correre rischi che possono portare al trionfo o al fallimento. Toto Wolff incarna l'essenza del pensiero strategico. Il suo mandato alla Mercedes ha visto un incredibile successo, ma il caso della W13 dimostra come anche le strategie più attentamente pianificate possano a volte portare a imprevisti contrattempi.

Quando la Mercedes ha introdotto la W13 per la stagione 2022, il team ha fatto un passo audace in territorio inesplorato. I nuovi regolamenti tecnici presentavano un'opportunità per l'innovazione, e la Mercedes mirava a continuare la sua dominanza con un design rivoluzionario. Tuttavia, i problemi della macchina con il "porpoising" sono diventati un problema significativo. Questa sfida imprevista non solo ha ostacolato le prestazioni della macchina, ma ha anche causato disagio ai piloti, influenzando i risultati del team.

La situazione della W13 serve come un forte promemoria che la strategia, per quanto ben pensata, comporta rischi intrinseci. Il fallimento della W13 nel soddisfare le aspettative ha segnato la fine della dominanza della Mercedes in Formula 1, aprendo la strada all'ascesa di Red Bull Racing. La scommessa strategica di Toto Wolff ha infine portato a un deragliamento di due anni per la Mercedes, mentre il team lavorava per correggere i problemi e riconquistare il suo vantaggio competitivo. Questo periodo di transizione ha evidenziato la natura bilaterale della strategia: le stesse decisioni audaci che possono portare al successo possono anche esporre vulnerabilità.

Essere un stratega significa più che semplicemente ideare piani: richiede la capacità di adattarsi a circostanze mutevoli e recuperare da contrattempi. La risposta di Wolff all'incidente della W13 ha dimostrato la sua resilienza e la sua capacità di navigare in tempi turbolenti. Mentre l'impatto immediato del problema del "porpoising" era significativo, Wolff e il suo team hanno lavorato instancabilmente per trovare soluzioni, anche mentre la Red Bull avanzava. Questo processo di tentativi ed errori, apprendimento dagli errori e iterazione delle strategie è fondamentale per il successo sostenuto in qualsiasi campo.

La lezione più ampia dall'incidente della W13 è che i contrattempi sono una parte inevitabile del viaggio strategico. Nessuna strategia è infallibile, e ogni decisione comporta il potenziale per il fallimento. Tuttavia, è la risposta al fallimento che definisce i veri strategisti. L'abilità di Wolff di guidare la Mercedes attraverso tempi difficili, mantenendo il morale e promuovendo una cultura di resilienza, è una testimonianza della sua leadership e acume strategico.

Ma nulla è detto nel paddock, e sarebbe molto ingiusto ridurre Wolff al suo errore con la W13 quando la sua chiara abilità strategica ha significato non meno di sette campionati costruttori per il team.

In uno sport così feroce competitivo come la Formula 1, il margine di errore è esiguo, e le conseguenze di un passo falso possono essere severe. Tuttavia, la volontà di correre rischi e la capacità di imparare dal fallimento sono tratti essenziali per il successo. L'incidente della W13 sottolinea l'importanza della flessibilità e dell'adattabilità nella strategia. Serve come promemoria che anche quando le cose non vanno come previsto, il viaggio non è finito. C'è sempre un'opportunità per riorganizzarsi, rivalutare e tornare più forti.

In definitiva, la natura bilaterale della strategia è ciò che la rende sia impegnativa che gratificante. È un costante atto di equilibrio tra rischio e ricompensa, innovazione e stabilità. La chiave è rimanere aperti a nuove idee, abbracciare il processo di apprendimento e non aver mai paura di fare mosse audaci, anche se non funzionano sempre. Comprendendo questa dualità, possiamo diventare migliori strategisti nelle nostre vite, pronti ad affrontare le sfide e cogliere le opportunità con coraggio e resilienza.

Né i nostri più grandi successi né i nostri più grandi fallimenti ci definiscono. Accettare le sfide e trasformare gli errori in opportunità di apprendimento sono segni di vero coraggio, umiltà e saggezza.

# Carlos Sainz Junior—Fedeltà

La fedeltà è una qualità che si coltiva attraverso l'impegno, l'integrità e la dedizione ai valori e alle persone che consideriamo importanti nella nostra vita. Le relazioni e le alleanze vengono spesso messe alla prova, e in quei momenti la fedeltà si rivela un pilastro fondamentale che sostiene e rafforza i legami umani. Questa virtù non si manifesta solo nei momenti di successo e celebrazione, ma anche, e forse in modo più rivelatore, nei momenti di sfida e avversità.

La fedeltà assume una dimensione particolare nel mondo dei motori e, più specificamente, nella Formula 1. Qui, piloti e team operano sotto una pressione costante, con ogni gara e ogni stagione che presentano nuove sfide e opportunità. In questo ambiente competitivo, la fedeltà non è semplicemente un'opzione: è una necessità che può fare la differenza tra successo e fallimento, tra coesione del team e caos.

Carlos Sainz Jr. incarna perfettamente questa virtù. La sua carriera in Formula 1 è segnata da una solida fedeltà ai suoi team e ai suoi colleghi, una caratteristica che gli ha guadagnato il rispetto e l'ammirazione di tutti nel paddock. Dai suoi inizi nel karting fino alla sua ascesa al vertice del motorsport, Sainz ha dimostrato una dedizione e un impegno che vanno oltre le aspettative.

La fedeltà di Sainz si manifesta nella sua capacità di rimanere fedele ai suoi principi e alle persone che lo hanno sostenuto durante tutta la sua carriera, anche quando le circostanze sono difficili. Non è facile rimanere fedeli quando si è di fronte a offerte allettanti da parte di team rivali o quando i risultati non sono quelli sperati. Tuttavia, Sainz ha dimostrato più volte che la sua parola e il suo impegno sono sacri.

Questa fedeltà non solo ha consolidato la sua carriera, ma ha anche un effetto profondo e duraturo su coloro che lo circondano. I suoi team sanno di poter contare su di lui nei momenti più difficili, e questa certezza crea un ambiente di fiducia e rispetto reciproco. La fedeltà di Sainz favorisce uno spirito di collaborazione e coesione che è essenziale per il successo in uno sport competitivo come la Formula 1.

Possiamo applicare questa lezione in vari aspetti della nostra vita. Nelle nostre relazioni, la fedeltà rafforza i legami con familiari e amici, creando un ambiente di fiducia e rispetto reciproco. Nel campo professionale, essere fedeli ai nostri colleghi e alla nostra organizzazione può portarci a costruire team più solidi e coesi, capaci di superare qualsiasi ostacolo.

Nonostante le difficoltà e le tentazioni, rimanere fedeli ai nostri valori e alle persone che ci sostengono è un percorso verso il successo e il rispetto duraturo.

## L'Eredità

Nella casa di una leggenda vivente come il campione del mondo di rally due volte, Carlos Sainz Sr., la passione per il motorsport è stata tramandata di generazione in generazione. Carlos Sainz Jr., nato il 1° settembre 1994, ha ereditato questa passione ma ha deciso di scambiare le piste di terra con i circuiti asfaltati. Fin da giovanissimo, il giovane Carlos ha mostrato una naturale inclinazione per il motorsport. A 2 anni, il suo padrino, Juanjo Lacalle, gli regalò una macchinetta giocattolo a batteria, con la quale il giovane Carlos dimostrò una sorprendente abilità nel drifting.

L'influenza del padre è stata una costante nella vita di Sainz Jr. Nel 2004, a soli 10 anni, Carlos partecipò con la sua famiglia a un tributo per il ritiro del padre dal Campionato del Mondo di Rally. Questo evento segnò un punto di svolta nella sua vita, ispirandolo a tracciare il proprio percorso nel mondo del motorsport (Motorsport, n.d.; López, 2014).

Il percorso di Sainz nel motorsport iniziò formalmente nel 2005, quando cominciò a correre nei kart all'età di 11 anni. Anche se i successi non furono immediati, la sua perseveranza e il talento presto diedero i loro frutti. Nel 2006, fu incoronato campione del Campionato di Madrid, conquistò il secondo posto nella Race of Champions e terminò terzo nel Minikarts Industry Trophy (López, 2014). Questi primi successi furono solo l'inizio di una serie di vittorie che avrebbero confermato il suo potenziale come pilota.

Nel 2007, Sainz continuò ad accumulare trionfi e vinse il Trofeo Internazionale di Alcañiz. L'anno successivo, a 14 anni, conquistò il Campionato Asia-Pacifico KF3 e fu vice-campione del Campionato Spagnolo nella stessa categoria. La sua abilità e determinazione in pista non passarono inosservate e, nel 2009, vinse la prestigiosa Monaco Kart Cup, ottenendo anche posizioni di vice-campione sia nel Campionato Europeo che in quello Spagnolo KF3 (Miquel, 2009).

Questi successi attirano l'attenzione della Red Bull, che invitò Sainz a partecipare ai test per il loro programma di giovani piloti. Con il supporto di Emilio e María de Villota, che lo aiutarono a prepararsi per il test al circuito di Jarama, Sainz impressionò i valutatori e si unì al Red Bull Junior Team (Miquel, 2009). Questa opportunità fu cruciale per il suo sviluppo professionale, dandogli accesso a risorse e allenamenti di alto livello.

L'anno successivo, all'età di 15 anni, Sainz passò alla Formula BMW Europe con il team EuroInternational. La sua performance fu impressionante: vinse il trofeo Rookie Driver of the Year e concluse il campionato al quarto posto. Contemporaneamente, competette nella Formula BMW Asia-Pacifico, dove, sebbene non idoneo per i punti, ottenne tre vittorie, tra cui una prestazione eccezionale sul leggendario circuito di Macao.

Il passo successivo della sua carriera arrivò nel 2011, quando partecipò all'intera stagione della Eurocup Formula Renault 2.0 con il team Koiranen Bros. Motorsport. Sainz terminò secondo nel campionato con 200 punti, conquistando due vittorie e dieci podi in quattordici gare. Inoltre, partecipò al Campionato di Formula Renault 2.0 del Nord Europa con lo stesso team, dove fu incoronato campione tre gare prima della fine della stagione, diventando il pilota più giovane a vincere il campionato con dieci vittorie e diciassette podi.

Nel 2012, Sainz fece il suo debutto nella F3 Euroseries come pilota ospite con il team Signature per l'ultima gara a Hockenheim, ottenendo un quinto posto e due ritiri. L'anno successivo, tornò a competere nella F3 Euroseries, dove concluse al nono posto in campionato, con soli due podi. Partecipò anche al Campionato di Formula 3 Britannico, dove concluse sesto, e al Campionato di Formula 3 Europeo, dove con sei podi ottenne il quinto posto assoluto. Inoltre, partecipò a eventi prestigiosi come i Masters of Formula 3 e il Gran Premio di Macao.

Nel 2013, Sainz firmò con MW Arden per una stagione nella GP3 Series. Nonostante alcune difficoltà, riuscì a ottenere due podi e concluse al decimo posto in campionato. Partecipò anche a eventi selezionati della Formula Renault 3.5 Series con Zeta Corse, il che portò al suo ingaggio da parte di DAMS per la stagione successiva. Nel 2014, Sainz dominò la Formula Renault 3.5 Series, conseguendo sette vittorie e venendo incoronato campione con un vantaggio significativo sui suoi avversari (El Mundo, 2014).

Il culmine dei suoi sforzi arrivò nel 2015 quando la Scuderia Toro Rosso annunciò che Sainz sarebbe stato un pilota ufficiale per la stagione di Formula 1, accanto all'olandese Max Verstappen. Nel suo primo anno, Sainz batté il record di debutto spagnolo qualificandosi più in alto di qualsiasi altro pilota spagnolo fino a quel momento. Nonostante diversi ritiri a causa di problemi meccanici, Sainz mostrò le sue capacità e il suo potenziale, guadagnando punti in diverse gare e terminando la stagione al quindicesimo posto con 18 punti.

Nel 2016, Sainz migliorò la sua performance iniziale, ottenendo punti in nove delle prime undici gare e terminando decimo in campionato. Tuttavia, il secondo semestre della stagione presentò sfide a causa del calo delle prestazioni della vettura. Nonostante ciò, Sainz concluse la stagione al dodicesimo posto con 46 punti, un miglioramento rispetto all'anno precedente.

Nel 2017, Sainz continuò a dimostrare il suo valore alla Toro Rosso, prima di essere ingaggiato dalla Renault per le ultime gare della stagione. Il suo miglior risultato dell'anno fu un quarto posto al Gran Premio di Singapore, consolidando la sua reputazione come pilota talentuoso e resistente.

Dopo una prestazione notevole con la Toro Rosso, Sainz si trasferì alla Renault per sostituire Jolyon Palmer a partire dal Gran Premio degli Stati Uniti. Nel suo debutto, Sainz ottenne un settimo posto e concluse la stagione al nono posto in campionato. Nel 2018, Sainz affrontò un anno difficile alla Renault, terminando decimo in campionato, dietro al suo compagno di squadra Nico Hulkenberg. Il suo miglior risultato fu il quinto posto nel Gran Premio dell'Azerbaigian.

Il passaggio alla McLaren nel 2019 segnò un punto di svolta. Sainz emerse come leader del team, superando diversi piloti di metà schieramento e conquistando il suo primo podio nel Gran Premio del Brasile, partendo dall'ultima posizione. Questo risultato lo rese il secondo pilota nella storia della F1 a raggiungere un podio partendo dall'ultima posizione in griglia. Concluse la stagione al sesto posto, dimostrando un'eccezionale adattabilità al team e consolidandosi come un forte concorrente in griglia.

Nel 2020, Sainz continuò con la McLaren, mostrando costanza e resilienza. Nonostante i problemi iniziali e diversi ritiri a causa di sfortuna, come la foratura in Gran Bretagna e problemi in Belgio, si distinse con un secondo posto a Monza e diversi recuperi impressionanti, come nelle gare in Turchia e Bahrain. La sua performance contribuì significativamente al terzo posto della McLaren nel Campionato Costruttori, la miglior posizione del team dal 2012. Quell'anno fu anche segnato dall'annuncio del suo ingaggio con la Ferrari a partire dalla stagione 2021 (Infobae, 2020).

Alla Ferrari, Sainz continuò a dimostrare il suo talento e la sua adattabilità. Nel 2021, fece il suo debutto con Ferrari, ottenendo diversi podi, tra cui il secondo posto a Monaco e il terzo posto in Ungheria, Russia e Abu Dhabi, terminando quinto nel Campionato Piloti, superando il suo compagno di squadra Charles Leclerc. Nel 2022, la Ferrari mostrò un notevole miglioramento delle prestazioni, e Sainz conquistò la sua prima vittoria in Formula 1 al Gran Premio di Gran Bretagna, oltre a diverse pole position e podi. Concluse la stagione al quinto posto nel Campionato Piloti, consolidando la sua reputazione come uno dei migliori piloti in griglia.

La stagione 2023 fu caratterizzata da sfide e successi misti per Sainz. Ottenne punti regolarmente, con il miglior risultato rappresentato dal terzo posto a Monza e una vittoria impressionante a Singapore, dove dimostrò eccellenti strategie e guida sotto pressione. Tuttavia, affrontò difficoltà come la collisione in Australia e il ritiro in Belgio. La stagione si conclude con Sainz al settimo posto nel Campionato Piloti e la Ferrari che perse il secondo posto nel Campionato Costruttori a favore della

Mercedes.

Nel 2024, la pre-stagione portò cambiamenti significativi con l'annuncio dell'aggiunta di Lewis Hamilton alla Ferrari per la stagione 2025, sostituendo Sainz. La stagione iniziò promettente per Sainz, che ottenne un podio in Bahrain prima di sottoporsi a un intervento chirurgico per appendicite e saltare la gara in Arabia Saudita. Tuttavia, tornò in Australia, ottenendo una vittoria dopo il ritiro di Verstappen, e continuò con buoni risultati, incluso un terzo posto in Giappone (Motorsport, 2024). Questi successi evidenziano la sua capacità di superare le avversità e il suo ruolo cruciale nella strategia e nel successo della Ferrari in pista.

# Eredità di Fedeltà

Come abbiamo visto, l'infanzia e l'adolescenza di Carlos Sainz Jr. sono sempre state legate al motorsport. Carlos Sainz, suo padre, stava attraversando il crepuscolo della sua carriera nel rally nel 2006, 14 anni dopo aver vinto il suo ultimo titolo mondiale, quando suo figlio correva con i kart a Madrid per la prima volta. Carlos Sainz Jr. aveva 12 anni. Nonostante l'assenza del padre a causa dei suoi impegni nel campionato di rally, il giovane Carlos non lo rimproverò mai. Al contrario, capì che suo padre stava perseguendo i suoi sogni, proprio come avrebbe fatto un giorno lui, mostrando una profonda fedeltà verso il padre e mentore.

Carlos Sainz Sr. riconobbe la difficoltà di essere assente alle gare del figlio. "Molte volte non potevo essere alle sue gare perché ero nel campionato di rally," disse Sainz Sr. in un'intervista: "Per entrambi era difficile perché altri genitori erano con i loro figli. Tuttavia, le corse sono sempre state un legame per noi" (Arenas, 2018). Questo reciproco rispetto e sostegno forgiarono un legame forte tra di loro, basato su una passione condivisa per le corse.

Oltre all'assenza del padre, Carlos Sainz Jr. dovette affrontare ulteriori sfide. Essendo il figlio di una leggenda del motorsport, sentiva una pressione immensa per dimostrare il proprio valore per merito. In un'intervista con la emittente spagnola Onda Cero Radio (2024), Sainz Jr. rivelò che altri piloti erano ansiosi di batterlo a causa del suo illustre cognome. "Non potevo permettere che mi battessero; volevo dimostrare che ero lì grazie al mio talento e non solo per il mio cognome," disse. Questa determinazione e pressione auto-imposta per eccellere riflette la sua fedeltà alle sue ambizioni e all'eredità del padre.

Da queste esperienze possiamo trarre diverse lezioni sulla fedeltà che si applicano alla nostra vita. In primo luogo, comprendere e sostenere i sogni dei nostri cari, anche quando comporta affrontare la distanza fisica o sacrifici personali, può rafforzare i nostri legami. L'accettazione da parte di Carlos Jr. dell'assenza del padre, sapendo che era dovuta alla realizzazione dei suoi sogni, evidenzia l'importanza dell'empatia e del sostegno nelle relazioni. Questa prospettiva può aiutarci a mantenere connessioni forti, anche quando i nostri percorsi divergono temporaneamente a causa di obiettivi professionali o personali.

In secondo luogo, rimanere fedeli alle nostre aspirazioni personali, onorando al contempo il nostro patrimonio, è una potente espressione di lealtà. La determinazione di Carlos Jr. a dimostrare il suo valore in pista, nonostante l'ombra dell'eredità del padre, ci insegna il valore della perseveranza e della fiducia in se stessi. Cercando di raggiungere i nostri obiettivi con integrità e dedizione, possiamo costruire il nostro legato rispettando al contempo le influenze che ci hanno plasmati.

Inoltre, l'ascesa di Carlos Sainz Jr. in Formula 1 con Toro Rosso, la filiale di Red Bull, segnò una pietra miliare nella sua carriera ed è stato un momento cruciale che dimostrò la sua lealtà verso il team e la sua determinazione a superare gli ostacoli. Nonostante fosse compagno di squadra di Max Verstappen, un giovane prodigio che guadagnò rapidamente le simpatie degli ingegneri, Carlos non permise che questo minasse la sua fiducia o il suo impegno verso il team. Al contrario, utilizzò questa situazione come un'opportunità per spingersi oltre e migliorare costantemente.

L'accordo con Red Bull offrì a Carlos la possibilità di avanzare a un livello superiore ogni anno, a condizione che dimostrasse buone prestazioni in pista e completasse con successo i suoi studi accademici, che alternava alla sua carriera di pilota. Nonostante le doppie richieste della sua vita, non ebbe mai problemi accademici, evidenziando la sua disciplina e concentrazione sia in aula che in pista. La sua perseveranza e le sue capacità gli valsero un titolo nella Formula Renault 3.5 nel 2014, che aprì le porte a un sedile alla Toro Rosso in Formula 1.

La camaraderie tra Carlos Sainz Jr. e Max Verstappen fu un punto culminante del loro tempo insieme alla Toro Rosso. Nonostante la competizione interna e la pressione del team, Carlos apprezzava molto Verstappen e la sua abilità come pilota. Nonostante le naturali preferenze verso Max Verstappen da parte di molti ingegneri, Carlos non permise che questo lo scoraggiasse; al contrario, lo utilizzò come motivazione per impegnarsi ancora di più e migliorare costantemente.

Quando Verstappen fu promosso in Red Bull a metà della stagione 2016, chiudendo di fatto le possibilità di promozione per Carlos all'interno del team, Saiz non mostrò risentimento né disillusione. Invece, accettò la sfida con determinazione e rimase impegnato nella sua carriera, accettando l'opportunità di essere prestato alla Renault per la stagione di Formula 1 2018.

L'impegno e la lealtà di Carlos Sainz Jr. verso il suo team e la sua carriera sono esempi ispiratori di come affrontare la competizione e le avversità con determinazione e professionalità. Invece di risentirsi delle decisioni del team o dei suoi compagni di squadra, Carlos scelse di cogliere ogni opportunità per migliorare e dimostrare il suo valore in pista. La sua capacità di rimanere concentrato sui suoi obiettivi e di andare avanti anche in circostanze sfidanti è una lezione preziosa che possiamo applicare nelle nostre vite per rafforzare le nostre relazioni e raggiungere i nostri sogni.

La stagione 2024 ha rappresentato un periodo di sfide e apprendimento per Carlos Sainz Jr. alla Ferrari. Nonostante la notizia che il suo contratto non sarebbe stato rinnovato per la stagione successiva, Carlos dimostrò una lealtà incrollabile verso il suo team e i suoi compagni di squadra. Anche se potrebbe essere stato tentante scoraggiarsi o distaccarsi dal team in questa situazione, Carlos scelse di mantenere il suo impegno e la sua professionalità fino all'ultimo momento.

Durante lo sviluppo della stagione, che ha sei gare al momento in cui scrivo queste righe, Carlos sta mostrando un'eccezionale dedizione sia dentro che fuori pista. Il suo duro lavoro, l'etica lavorativa e la capacità di superare gli ostacoli sono evidenti in ogni gara. Nonostante le difficoltà e l'incertezza riguardo al suo futuro con il team, Carlos rimane concentrato nel dare il massimo e nel sostenere la Ferrari nella sua ricerca di risultati positivi.

La sua lealtà verso la Ferrari e il suo compagno di squadra, nonché amico, Charles Leclerc è una testimonianza toccante del suo carattere e della sua professionalità.

In definitiva, la storia di Carlos Sainz Jr. ci ricorda l'importanza della lealtà, della determinazione e della perseveranza nel perseguire i nostri sogni. Attraverso le sue esperienze, apprendiamo che la vera lealtà supera le circostanze esterne; è un impegno profondo verso i nostri valori, i nostri compagni di squadra e i nostri obiettivi. Che la storia di Carlos ci ispiri ad affrontare le sfide con coraggio, a rimanere fedeli a noi stessi e a non perdere mai di vista i nostri sogni, anche nei momenti più difficili.

# Max Verstappen—Disciplina

La disciplina è una delle qualità più ammirabili e necessarie per raggiungere il successo in qualsiasi ambito della vita. Si tratta della capacità di mantenere la concentrazione e la coerenza nel lavoro, di andare avanti anche quando le circostanze sono avverse e di fissare e raggiungere obiettivi a lungo termine. La disciplina si coltiva attraverso la ripetizione e l'impegno verso se stessi.

È la forza che ci spinge ad alzarci presto per allenarci, a studiare quando preferiremmo riposare e a continuare quando i risultati non arrivano così rapidamente come ci aspettiamo. Senza disciplina, gli obiettivi diventano sogni lontani e le promesse a noi stessi restano semplici intenzioni non realizzate.

Max Verstappen è un esempio vivente di come la disciplina possa trasformare il talento in successo duraturo. Fin da giovane, Max ha dimostrato un'innata abilità per il motorsport, ma è stata la sua disciplina a farlo diventare uno dei piloti più eccezionali in Formula 1. Durante la sua carriera, abbiamo visto come la sua dedizione, concentrazione e impegno incrollabile lo abbiano portato a superare ostacoli, migliorare continuamente e mantenere un livello di prestazioni eccezionale.

Max è cresciuto in una famiglia profondamente radicata nel mondo del motorsport. Suo padre, Jos Verstappen, era anche lui un pilota di Formula 1, e fin da giovane, Max è stato circondato dalla cultura e dal rigore dello sport. Questo ambiente non solo gli ha fornito le opportunità necessarie per sviluppare i suoi talenti, ma gli ha anche infuso un'etica del lavoro e una mentalità disciplinata fin dalla tenera età. Conosciuto per la sua tenacia e esperienza, Jos ha fatto in modo che Max comprendesse che il talento da solo non sarebbe bastato—il resto sarebbe dipeso dal suo impegno e dalla sua disciplina.

Sin dai suoi primi anni nel karting, Max ha mostrato un impegno insolito per la sua età. Mentre altri bambini potevano facilmente distrarsi o perdere interesse, Max rimaneva concentrato sul migliorare ogni aspetto della sua performance. Passava ore ad allenarsi, perfezionare la sua tecnica e apprendere gli aspetti tecnici dei veicoli che guidava. Questa dedizione precoce non solo gli ha permesso di eccellere nelle categorie junior, ma ha anche gettato le basi per il suo successo a livelli più elevati.

La disciplina di Max non si limita al suo allenamento fisico. In pista, è conosciuto per la sua capacità di rimanere calmo sotto pressione e di prendere decisioni rapide e precise in frazioni di secondo. Questa abilità di mantenere la concentrazione e il controllo in situazioni di alta tensione è una testimonianza della sua disciplina mentale, qualcosa che ha sviluppato nel corso di anni di esperienza e allenamento.

Tuttavia, la disciplina non è semplicemente una questione di allenamento fisico e mentale. Si riflette anche nello stile di vita di Max. Dalla dieta al regime di allenamento, fino alla dedizione al simulatore, ogni aspetto della sua vita è orientato a migliorare le sue prestazioni in pista. Max comprende che per essere il migliore non può permettersi di trascurare alcun dettaglio, e questa meticolosità è un chiaro esempio della sua disciplina.

In una competizione tanto competitiva e impegnativa come la Formula 1, la disciplina può fare la differenza tra successo e fallimento. Max Verstappen ci mostra che, con una mentalità disciplinata, è possibile raggiungere e mantenere un alto livello di prestazioni, superando le sfide e raggiungendo obiettivi che altri possono solo sognare. Il percorso di Max ci dimostra che con disciplina e dedizione possiamo realizzare grandi cose e rendere realtà i nostri sogni più ambiziosi.

# La Formazione di un Pilota Disciplinato

Max Emilian Verstappen è nato il 30 settembre 1997 a Hasselt, in Belgio, e è cresciuto nella città belga di Maaseik, vicino al confine con i Paesi

Bassi. Infatti, è lì che ha frequentato la scuola e altre attività. È cresciuto in una famiglia profondamente coinvolta nel motorsport. Suo padre, Jos Verstappen, è stato pilota di Formula 1 dal 1994 al 2003, e sua madre, Sophie Kumpen, ha anche gareggiato a livello professionale nei kart. Sin dalla nascita, Max è stato immerso in un ambiente in cui il motorsport non era solo una passione, ma uno stile di vita. Questa influenza precoce sarebbe stata fondamentale nel plasmare il suo carattere e sviluppare la sua carriera (Red Bull Racing, 2018).

Fin da giovanissimo, Max ha dimostrato un talento eccezionale per la guida. All'età di 4 anni, già guidava un go-kart che i suoi genitori avevano noleggiato per lui, e la sua innata abilità è presto diventata evidente. Tuttavia, questo talento non si è sviluppato spontaneamente: è stato coltivato attraverso un rigoroso regime di allenamento imposto da suo padre. Suo padre, Jos Verstappen, noto per il suo carattere forte e le sue alte aspettative, non ha lesinato sforzi per garantire che suo figlio avesse ogni possibile opportunità di eccellere nel motorsport, ma questo ha comportato anche una disciplina severa e talvolta controversa.

L'infanzia di Max è stata segnata da un delicato equilibrio tra supporto incondizionato e richieste severe. Jos non solo allenava Max nelle tecniche di guida, ma lo preparava anche mentalmente alle pressioni dello sport. Le sessioni di allenamento erano intense e meticolose, e Jos insisteva sulla perfezione in ogni aspetto della performance di Max. Questo approccio rigoroso non era privo di tensioni. Ci sono stati momenti in cui la pressione e le aspettative di Jos erano opprimenti per un giovane Max. Tuttavia, queste esperienze hanno anche forgiato una mentalità resiliente e un'etica del lavoro innegabile nel giovane pilota.

Con la crescita di Max, la sua dedizione e disciplina hanno cominciato a dare i loro frutti. Il suo successo nelle competizioni di karting fu straordinario, facendolo presto diventare un nome di spicco nei circoli del motorsport giovanile. Ha vinto numerosi campionati: il suo successo iniziale è stato nel campionato belga Mini Class, dove ha vinto tutte e 21 le gare nel 2006, dimostrando la sua abilità naturale e una capacità impressionante di rimanere concentrato e coerente sotto pressione. Questo periodo è stato cruciale per il suo sviluppo, poiché ha stabilito le basi dell'etica del lavoro e della disciplina che sarebbero state caratteristiche definitorie della sua carriera (Driver Database, n.d.).

Il suo successo nel karting è stato inarrestabile. Nel 2007, ha dominato la Rotax Mini Max Klasse, vincendo tutte le 18 gare. Ha continuato il suo dominio nel 2008 e ha intrapreso campionati più competitivi, come il Benelux Rotax Mini Max Klasse, dove ha vinto 11 delle 12 gare. Questi successi gli hanno permesso di passare rapidamente alla Classe Cadet nel campionato belga, dove ha nuovamente vinto il titolo con undici vittorie in dodici gare. Nel 2009, si è unito al team Pex Racing e ha vinto i campionati belga Minimax e KF5, consolidando la sua reputazione come uno dei prospetti più brillanti nel karting (Driver Database, n.d.).

Nel 2010, Verstappen ha fatto il salto al karting internazionale, gareggiando nei campionati mondiali ed europei con il team CRG. Nella Coppa del Mondo KF3, ha concluso secondo dietro ad Alex Albon ma si è rifatto vincendo la WSK Euro Series e la WSK World Series, battendo piloti come Robert Vişoiu. Il suo successo è continuato nel 2011 e nel 2012 quando ha vinto la WSK Euro Series e la WSK Master Series nella classe KF2. Nel 2013, all'età di 15 anni, ha vinto i campionati europei KF e KZ e è diventato Campione del Mondo KZ a Varennes-sur-Allier, in Francia, la categoria più alta nel karting (Driver Database, n.d.).

Il suo talento non è passato inosservato e nel 2014, Verstappen si è avventurato nelle monoposto, partecipando alla Florida Winter Series e debuttando nella Formula 3 europea con il Van Amersfoort Racing. La sua performance impressionante, che includeva dieci vittorie e un terzo posto in campionato, ha attirato l'attenzione della Red Bull. Alla fine del 2014, è entrato a far parte del Red Bull Junior Team e, a 17 anni, è diventato il pilota più giovane a partecipare a un weekend di Formula 1 durante le sessioni di prove libere del Gran Premio del Giappone (Richards, 2014).

Il debutto in Formula 1 avvenne nel 2015, quando Max fu ingaggiato dalla Toro Rosso, diventando il pilota più giovane a competere nella categoria regina del motorsport. Il suo debutto è stato un momento storico e la sua performance nella stagione da rookie ha superato le aspettative. Max ha dimostrato una maturità e una competenza che contraddicevano la sua giovinezza, guadagnandosi rapidamente il rispetto dei suoi colleghi e del pubblico.

La disciplina e la concentrazione di Max si sono riflettute principalmente nella sua preparazione fuori dalla pista. Ha mantenuto una routine rigorosa di allenamento fisico e mentale, comprendendo che il successo in Formula 1 richiede più del semplice talento. La sua dedizione a migliorare continuamente, analizzando ogni dettaglio della sua performance e lavorando a stretto contatto con il suo team, sono stati fattori chiave nella sua rapida ascesa.

Nel 2016, Max ha fatto il passaggio alla Red Bull Racing, una mossa che ha segnato un punto di svolta nella sua carriera. La sua prima gara con la Red Bull è stata il Gran Premio di Spagna, e Max non solo ha impressionato con la sua performance, ma ha anche vinto la gara, diventando il pilota più giovane a vincere un Gran Premio di Formula 1. Questo risultato è stato una prova della sua abilità, ma anche della sua disciplina e della sua capacità di gestire la pressione nei momenti cruciali.

Nel corso della sua carriera con la Red Bull, Max ha continuato a dimostrare la sua eccezionale capacità di competere ai massimi livelli. Il suo approccio disciplinato si riflette nella sua coerenza in pista, nella sua capacità di prendere decisioni strategiche rapide e nella sua capacità di rimanere calmo sotto pressione. Max ha vinto numerose gare e ha mostrato una notevole capacità di apprendere e adattarsi, migliorando continuamente le sue prestazioni (Benson, 2022).

La stagione 2021 è stata decisiva per Max poiché ha vinto il suo primo Campionato del Mondo di Formula 1. Questo risultato non è stato solo una prova del suo talento e delle sue capacità, ma anche della sua disciplina e dedizione. Durante la stagione, Max ha mostrato una coerenza impressionante, gestendo la pressione di competere contro piloti e team esperti con risorse significative. Il suo approccio disciplinato e la capacità di rimanere concentrato sui suoi obiettivi sono stati fattori chiave nel suo successo.

Il rapporto di Max con il suo team alla Red Bull è stato anche un esempio di disciplina e professionalità. L'olandese ha lavorato a stretto contatto con i suoi ingegneri e meccanici, dimostrando una profonda comprensione degli aspetti tecnici della sua auto e un impegno costante per il miglioramento continuo. La sua capacità di comunicare efficacemente con il team e la sua disponibilità a prendere responsabilità per la propria performance sono stati fattori cruciali per il suo successo. Tanto che ha firmato un'estensione di contratto con la Red Bull fino al 2028, riflettendo la fiducia reciproca e il suo impegno a lungo termine con il team (Benson, 2022).

La sua assoluta e indiscutibile dominanza nelle stagioni 2022 e 2023 gli ha garantito il secondo e il terzo titolo mondiale, con prestazioni straordinarie. I suoi successi sportivi sono una testimonianza del suo talento eccezionale e della dedizione al motorsport, consolidandolo come uno dei piloti di spicco della sua generazione.

Fuori dalla pista, è noto che il—per ora—triplo campione del mondo mantiene uno stile di vita disciplinato che riflette il suo impegno nella carriera. Si dedica a un rigoroso regime di allenamento fisico e mentale, assicurandosi di essere nella migliore forma possibile per competere.

Max ha mostrato anche una notevole maturità nel suo approccio alle vittorie e alle sconfitte. Nonostante gli alti e bassi della sua carriera, ha mantenuto un atteggiamento positivo e una concentrazione sull'apprendimento e il miglioramento. La storia di Max Verstappen è un esempio ispiratore di come la disciplina possa trasformare il talento in successo. Dai suoi primi giorni nel karting fino alla sua ascesa ai vertici della Formula 1, Max ha dimostrato una dedizione e una concentrazione che lo distinguono come uno dei piloti di spicco della sua generazione. Il rapporto con suo padre, che esploreremo nel prossimo capitolo, è stato una costante fonte di motivazione e disciplina per Max. La sua capacità di gestire la pressione e rimanere concentrato sugli obiettivi è un esempio per tutti noi.

# Eredità di Disciplina

L'eredità di disciplina di Max Verstappen è un complesso mix di rigore, determinazione e controversie, offrendo sia lezioni ispiratrici che avvertimenti su come la disciplina possa plasmare il successo e il carattere. Il suo rapporto con il padre, Jos Verstappen, è uno degli aspetti più influenti e discussi della sua crescita.

Sin da giovanissimo, Max è stato sottoposto a un regime di allenamento estremamente rigoroso imposto dal padre, che era un pilota di Formula 1 con aspettative molto alte per suo figlio. Jos era conosciuto per il suo atteggiamento severo e la ricerca incessante della perfezione, spesso ricorrendo a metodi che molti avrebbero definito eccessivi, talvolta sfociando in una disciplina tossica. Un esempio notevole di questo è avvenuto quando, dopo una performance deludente in una gara di karting, Jos ha abbandonato Max a una stazione di servizio, lasciandolo lì come punizione. Inoltre, ci sono segnalazioni di comportamenti aggressivi da parte di Jos verso meccanici e staff del team, riflettendo un atteggiamento che dava priorità al successo a qualsiasi costo (Culliford, 2021).

Questo approccio estremo solleva importanti riflessioni su come la disciplina possa diventare dannosa. Sebbene la rigidità e le alte aspettative possano spingere qualcuno a superare i propri limiti, possono anche creare un ambiente di paura e risentimento. L'ossessione per la perfezione e l'intolleranza alla frustrazione possono avere effetti negativi sulla salute mentale ed emotiva, sia per chi impone la disciplina sia per chi la riceve. È cruciale bilanciare la disciplina con il supporto emotivo e la comprensione per evitare che diventi una fonte di trauma. La storia di Max e Jos Verstappen sottolinea la necessità di costrui re abitudini disciplinate da una prospettiva di benessere mentale, dove la spinta verso l'eccellenza non sacrifichi la salute e la felicità personali.

D'altra parte, la routine e la concentrazione dell'attuale campione dimostrano come la disciplina possa essere applicata in modo sano ed efficace nella sua carriera in Formula 1. Nonostante abbia ammesso di odiare fare esercizio (Christensen, 2023), Max mantiene una routine di allenamento rigorosa e personalizzata che si adatta alle sue esigenze specifiche come pilota. Preferisce allenarsi a casa, utilizzando principalmente il peso del corpo e bande elastiche. Questo approccio gli consente di mantenersi in forma senza la necessità di attrezzature complesse o pesi ingombranti, rendendolo più gestibile e meno noioso.

Max ha anche espresso la sua preferenza per ascoltare il proprio corpo piuttosto che fare affidamento su dispositivi come smartwatch per monitorare le sue performance. Questa pratica evidenzia l'importanza di sviluppare una connessione intuitiva con il proprio corpo, essenziale per mantenere un equilibrio tra disciplina fisica e benessere mentale. Il suo focus sull'allenamento non è sul raggiungimento di una forma fisica estrema, ma sull'ottimizzazione della sua condizione per le specifiche esigenze del suo sport. Questo comporta una combinazione di esercizi cardio e di forza, sempre con l'intento di migliorare la sua performance in pista (Ilic, 2021; JOE, 2022).

Anche la dieta di Max riflette una disciplina adattativa e consapevole. Mantiene una dieta sana e controllata per assicurarsi di essere nella migliore forma possibile per competere, ma si concede anche piccoli sfizi per rilassarsi. Questa flessibilità è cruciale per evitare il burnout mentale e fisico, dimostrando che una disciplina efficace non significa costante restrizione ma un equilibrio sostenibile tra impegno e relax.

Un altro aspetto chiave della preparazione di Max è l'adattamento alle condizioni estreme della Formula 1, come le alte temperature e l'umidità durante le gare. La forza necessaria per gestire una monoposto di Formula 1, specialmente nelle gambe per frenare, e la capacità di sopportare una significativa perdita di massa corporea durante una gara, richiedono un regime di allenamento rigoroso e una disciplina alimentare. Max e il suo team Red Bull Racing lavorano meticolosamente per ottimizzare ogni aspetto della sua performance, il che ha portato alla sua dominanza nelle stagioni recenti (JOE, 2022).

Nella storia dell'olandese troviamo la motivazione e l'ispirazione necessarie per affrontare i nostri obiettivi più ambiti. Il suo esempio ci mostra che per coloro che non temono il sacrificio, nessuna scommessa è troppo alta. Mentre progredite verso i vostri obiettivi, ricordate che una disciplina efficace è quella che vi spinge avanti senza sacrificare il vostro benessere. Trovate il vostro equilibrio, ascoltate il vostro corpo e la vostra mente, e lasciate che la passione per ciò che fate guidi il vostro cammino verso il successo. Max ci dimostra che con la giusta combinazione di rigore e autocura, non ci sono limiti a ciò che si può ottenere.

# Richiesta di Recensione del Libro

Spero che tu abbia apprezzato immergerti nelle epiche storie delle nove leggende del motorsport che abbiamo condiviso. Cosa ne pensi di queste narrazioni coinvolgenti? Ti hanno ispirato ad affrontare le tue sfide con maggiore determinazione e passione?

Mi piacerebbe conoscere la tua opinione a riguardo. Ti prenderebbe un momento per lasciarmi le tue impressioni sotto forma di recensione? Il tuo feedback è essenziale per continuare a migliorare e offrirti contenuti ispiratori che raggiungono migliaia di persone e cambiano le loro vite.

Grazie per essere parte di questa incredibile avventura.

# Epilogo

Concludendo questo libro, non possiamo permettere che gli insegnamenti di queste leggende rimangano semplicemente sulle pagine stampate. Esse sono fari luminosi nell'oscurità, che ci guidano nel nostro cammino verso la grandezza. Ci ricordano che la vita è una maratona, non uno sprint verso un traguardo effimero, e che il vero premio risiede nel viaggio che intraprendiamo e nella persona che diventiamo lungo il cammino.

Quindi, ti sfido, caro lettore, a prendere queste virtù, queste lezioni di vita, e farle tue. Che la resilienza di Fangio ti ispiri a rialzarti ogni volta che cadi, più forte e determinato di prima. Che la determinazione di Senna arda nel tuo cuore, spingendoti a perseguire i tuoi sogni con una passione incessante che non conosce confini o barriere.

Che la visione della McLaren ti porti oltre i confini del conosciuto, sfidandoti ad esplorare nuove frontiere e scoprire nuovi orizzonti. Che la leadership di Schumacher ti guidi nei tuoi sforzi, ricordandoti che il vero leader non è colui che sta in prima linea, ma colui che serve gli altri.

Che l'umiltà di Alonso ti mantenga con i piedi per terra, ricordandoti che il vero potere risiede nella capacità di apprendere, crescere e adattarsi. Che la perseveranza di Hamilton ti dia la forza di continuare ad andare avanti anche quando le probabilità sono contro di te, e che la strategia di Wolff ti aiuti a tracciare il tuo percorso verso il successo con astuzia e lungimiranza.

Che la lealtà di Carlos Sainz Jr. ti ispiri a mantenere i tuoi impegni e valori, ricordandoti che la vera grandezza risiede nella fedeltà ai tuoi principi e nel sostegno incrollabile verso coloro che ti circondano.

E infine, che la disciplina di Verstappen ti ricordi che il cammino verso la grandezza non è né facile né confortevole, ma che ogni passo avanti, ogni sacrificio fatto con determinazione e ogni sfida superata con disciplina ti avvicina un passo di più ai tuoi sogni più audaci.

Non restare fermo, aspettando che la grandezza ti raggiunga. Salta sulla pista della vita con determinazione e coraggio e fai sì che ogni giorno conti. Impegnati ad applicare queste virtù in ogni aspetto della tua vita, a superarti ogni giorno e a non rinunciare mai ai tuoi sogni, per quanto possano sembrare difficili.

Perché alla fine della giornata, ciò che conta veramente non sono i trofei che accumuli o i traguardi che raggiungi, ma la persona che diventi lungo il cammino. E in quel viaggio verso la grandezza, che queste lezioni e virtù siano la tua bussola, la tua guida e la tua ispirazione costante.

La vita è una corsa, caro lettore, e tu sei il pilota del tuo destino. Quindi, stringi saldamente il volante, accelera verso i tuoi sogni e non voltarti mai indietro. Il mondo sta aspettando la tua grandezza—cosa aspetti?

# Riferimenti

A Tribute to Life Network. (2011, December 9). *San Marino Grand Prix – Imola 1994.*

https://www.ayrton-senna.net/san-marino-grand-prix-imola-1994/

A Tribute to Life Network. (2018, February 2). *Martin Brundle on great Ayrton Senna.*

https://www.ayrton-senna.net/martin-brundle-on-great-ayrton-senna/

Allen, J. (2000). *Michael Schumacher.* Bantam Books.

Arenas, A. (2018, March 22). *Carlos Sainz Jr., infancia y destino en el automovilismo.* El

Financiero. https://www.elfinanciero.com.mx/deportes/carlos-sainz-jr-infancia-y-

destino-en-el-automovilismo/Autosport. (2000, June 29). *"Senna was the greatest*

*ever" - Schumacher.* https://www.autosport.com/f1/news/senna-was-the-greatest-

ever-schumacher-5028448/5028448/

Barstow, O. (2020, December 18). *Toto Wolff, Ineos to take equal stake in Mercedes F1, Wolff*
  stays as team boss. Crash. https://www.crash.net/f1/news/950438/1/toto-wolff-ineos-
  take-equal-stake-mercedes-f1-wolff-stays-team-boss

Bautista, J. (2020, May 10). *Fernando Alonso y su ídolo de la infancia: "Era contradictorio, ni*
  *quería pilotar en esa categoría."* La Sexta. https://www.lasexta.com/noticias/deportes/motor/formula1/fernando-alonso-idolo-
  infancia-era-contradictorio-queria-pilotar-esa
  categoria_202005105eb7cfe44f7187000162b7d9.html

Benson, A. (n.d.). *Challenger, champion, change-maker.* BBC Sport. https://www.bbc.co.uk/sport/extra/c1nx5lutpg/The-real-Lewis-Ha
  milton-story

Benson, A. (2022, March 3). *Verstappen signs new Red Bull contract.* BBC Sport.
  https://www.bbc.co.uk/sport/formula1/60599389

Christensen, M., & Téllez, A. (2023, August 22). *El entrenamiento de Max Verstappen para*
  *ganar en la F1.* GQ. https://www.gq.com.mx/articulo/max-verstappen-rutina-de-
  entrenamiento-y-dieta

Christensen, M. (2022, August 8). *Lewis Hamilton: The F1 superstar on controversies, racism,*
  *and his future.* Vanity Fair. https://www.vanityfair.com/style/2022/

08/cover-story-
  lewis-hamilton-never-quits

Christensen, M. (2023, August 21). *Max Verstappen has an approach to working out that is all*
  *of us.* British GQ. https://www.gq-magazine.co.uk/article/max-vers
tappen-workout-
  diet-fitness

Coleman, M. (2023, August 17). *F1's "Crashgate" scandal returns as Felipe Massa seeks*
  *justice for a lost title.* The Athletic. https://theathletic.com/4785380/2023/08/17/f1-
  crashgate-felipe-massa-nelson-piquet-jr/

Collings, T. (2005). *Team Schumacher.* Highdown.

Culliford, G. (2021, December 13). *Inside Max Verstappen's relationship with dad once*
  *arrested for attempted murder.* The US Sun. https://www.the-
  sun.com/sport/4265896/inside-max-verstappens-relationship-with-
dad-jos/

Dagless, G. (2023, July 18). *Ayrton Senna v Alain Prost: F1's greatest rivals.* GiveMeSport.
  https://www.givemesport.com/ayrton-senna-alain-prost-f1-mclare
n/

Daly, C. (2023, February 19). *What went wrong for Mercedes during the 2022 season and*
  *their W14 car.* Mail Online. https://www.dailymail.co.uk/sport/for

mulaone/article-
   11760437/What-went-wrong-Mercedes-2022-season-2023-W14-
Formula-1-
   car.html


de Menezes, J. (2014, April 30). *F1 legend Senna in his own words 20 years after his death.*
   The Independent. https://www.independent.co.uk/sport/motor-rac
ing/ayrton-
   senna-senna-in-his-own-words-as-world-remembers-the-20th-
anniversary-of-
   his-fatal-crash-9205960.html


Donaldson, G. (n.d.). *Michael Schumacher.* Formula 1® - the Official F1® Website.
   https://www.formula1.com/en/drivers/hall-of-fame/Michael_Schu
macher.html


Donaldson, G. (2019). *Ayrton Senna.* Formula 1® - the Official F1® Website.
   https://www.formula1.com/en/drivers/hall-of-fame/Ayrton_Senna
.html


Driver Database. (n.d.). *Driver: Max Verstappen.* https://www.driverdb.
com/drivers/max-verstappen


Economic Times. (2024, January 9). Michael Schumacher health update: F1 icon able to
   sit at dinner table with family. Will he recover? *The Economic Times.*
   https://economictimes.indiatimes.com/news/international/us/mich
ael-schumacher-

health-update-f1-icon-able-to-sit-at-dinner-table-with-family-will-he-
recover/articleshow/106686140.cms?from=mdr

Eidell, L. (2024, February 25). *All About Lewis Hamilton's Parents, Anthony Hamilton, and*
*Carmen Larbalestier.* People Magazine. https://people.com/all-about-lewis-hamilton-
parents-8598016

El Mundo. (2014, October 18). *Carlos Sainz júnior se proclama campeón de las World Series.*
https://www.elmundo.es/deportes/2014/10/18/544289bdca47412f748b4577.html

Enjoli, A. (2022, January 7). *Lewis Hamilton on human rights, clean cars, and his love of*
*animals.* LIVEKINDLY. https://www.livekindly.com/lewis-hamilton-animal-rights/

Enzinger, G. (2011, March 14). *Der Toto-Gewinner» Wolff, Williams, Formel, Toto, Zeit,*
*Zeiten» WIENER.* Web.archive.org.
https://web.archive.org/web/20110314083140/http://www.wienerpost.at/2010/11/der-
toto-gewinner/

Fanamp. (2023, October 8). *Toto Wolff: A deep dive into his life and legacy in Formula 1.*
https://www.fanamp.com/pe/toto-wolff

Formula 1. (n.d.). *Fernando Alonso.* https://www.formula1.com/en/dri vers/fernando-
   alonso

Formula 1. (2020). *Arise, Sir Lewis! Hamilton to be awarded knighthood after historic seventh*
   *world title.* https://www.formula1.com/en/latest/article/arise-sir-le wis-hamilton-to-
   be-awarded-knighthood-after-historic-seventh.2oKynH8fOmJytSk 8mOo0o9

Formula 1. (2023, December 22). *Schumacher's key lesson learned from Hamilton and*
   *Russell.* https://www.formula1.com/en/latest/article/schumacher-r eveals-the-key-
   lesson-learned-from-hamilton-and-russell-after.7EpmSorXaBXWe DnEhB1NJr

Fry, N. (2019). *Survive. Drive. Win.* Atlantic Books.

Haldenby, N. (2016, April 28). *Imola 1994: The full story.* Lights Out Blog.
   https://www.lightsoutblog.com/imola-1994-the-full-story/

Hamilton, L. (2010). *Lewis Hamilton: My story.* HarperCollins UK.

Henry, A. (1998). *Wheel to wheel.* Phoenix.

Hilton, C. (2007). *Michael Schumacher: The whole story.* Haynes Publishing.

Hindle, S. (2024, March 18). *How Bruce McLaren's death shaped more than just his F1 team.*

Motorsport. https://www.motorsport.com/f1/news/how-bruce-mc laren-death-
shaped-more-than-just-his-f1-team/10588701/


*History of the McLaren.* (n.d.). McLaren.
https://www.mclarenphl.com/dealership/history.htm#:~:text=Foun ded%20by%20Br
uce%20McLaren%20in


Hughes, M. (2023, May 17). *Why Mercedes has got F1's current era so wrong so far.* The Race.
https://www.the-race.com/formula-1/why-mercedes-has-got-f1s-c urrent-era-so-
wrong-so-far/


Ilic, N. (2021, September 23). *How Max Verstappen trains his neck to prepare for the intense*
*g-force on track.* Men's Health Magazine Australia. https://menshealt h.com.au/how-
max-verstappen-trains-his-neck-to-prepare-for-the-intense-g-force-on-track/?
category=fitness


Infobae. (2020, May 14). *Oficial: Carlos Sainz es el nuevo piloto de Ferrari.* Infobae.
https://www.infobae.com/america/deportes/2020/05/14/oficial-ca rlos-sainz-es-el-
nuevo-piloto-de-ferrari/

JOE. (2022, December 12). *Max Verstappen workout: "We don't do many weights"* [Video].

YouTube. https://www.youtube.com/watch?v=7BZFE5oRsqs&ab_channel=JOE

*Juan Manuel Fangio, la gloria en cuatro ruedas.* (2023, November 26). Hoy.

https://diariohoy.net/interes-general/juan-manuel-fangio-la-gloria-en-cuatro-

ruedas-245405

Lifona, D. G. (2016, September 7). *Fórmula 1: Fernando Alonso: "El último año en Ferrari me*

*culpaban de todo."* Marca.

https://www.marca.com/motor/formula1/2016/09/07/57cfebe446
8aeb877e8b46cc.ht

ml

López, L. (2014, November 28). *Carlos Sainz Júnior: De tal palo, tal astilla.* Sport.

https://www.sport.es/es/noticias/motor/formula1/carlos-sainz-junior-palo-astilla-

3729424

Lyons, P. (n.d.). *Bruce McLaren.* Motorsports Hall of Fame of America.

https://www.mshf.com/hall-of-fame/inductees/bruce-mclaren.html

Marchi, F. (2023, September 7). Genís Marcó, clave en el crecimiento de Alonso: "El

primer día que lo vi pilotar…" Mundo Deportivo.

https://www.mundodeportivo.com/motor/f1/20230907/10020647
25/genis-marco-
clave-crecimiento-alonso-primer-dia-vi-me-sorprendio.html

Martin, J. (2023, May 1). *Ayrton senna y alain prost: La historia de un
desengaño que es*
*leyenda de la fórmula 1.* DAZN. https://www.dazn.com/es-ES/news/
motor/ayrton-
senna-y-alain-prost-la-historia-de-un-desengano-que-es-leyenda-
de-la-
formula-1/1vv7bdxtr913ozvdlittb8jmg

McLaren Cars. (n.d.). *Innovation.* Mc Laren.
https://cars.mclaren.com/en/about/Innovation

McLaren Racing. (n.d.). *Bruce McLaren.*
https://www.mclaren.com/racing/heritage/bruce-mclaren/

Mercedes AMG F1. (n.d.). *Lewis Hamilton - Driver.*
https://www.mercedesamgf1.com/drivers/driver/lewis-hamilton

Meredith, S. (2024, February 1). *Formula 1 star Lewis Hamilton to leave
Mercedes for Ferrari*
*after 2024 season.* https://www.cnbc.com/2024/02/01/formula-1-st
ar-lewis-
hamilton-to-join-ferrari-media-reports-say.html

Miquel, C. (2009, October 6). *Carlos Sainz Jr. piloto Red Bull por cinco
años.* Diario AS.
https://as.com/motor/2009/10/06/mas_motor/1254844219_8502
15.html

Motorsport. (1995, May 8). *Juan Manuel Fangio died at 84.*
https://au.motorsport.com/f1/news/juan-manuel-fangio-dead-at-8
4/1660429/

Motorsport. (n.d.). *Carlos Sainz perfil - biografías, noticias fotos y videos.*
https://es.motorsport.com/driver/carlos-sainz/37111/

Museo Juan Manuel Fangio. (n.d.). *El Comienzo De La Historia.* Museo
Fangio.
https://www.museofangio.com/es/juan-manuel-fangio/biografia/4-
cuarta-parte-
1950-1958/

Onda Cero Radio. (2024, April 20). *Sainz cree que la maniobra "optimista"
de Alonso*
*terminó costándole el sprint a ambos.* Onda Cero.
https://www.ondacero.es/deportes/motor/sainz-cree-que-maniobr
a-optimista-
alonso-termino-costandole-sprint-
ambos_2024042066236479c0b95c0001081434.html

Oporto, E. (2015, October 5). *Las dos carreras "perdidas" de Alonso.*
Marca.
https://www.marca.com/2015/10/05/motor/formula1/144407282
8.html

Powell, N. (2023, October 30). *Sir Lewis Hamilton: The road to diversity.*
Last Word on
Motorsports. https://lastwordonsports.com/motorsports/2023/10/
30/sir-lewis-
hamilton-the-road-to-diversity/

Red Bull Racing. (2018). *Max Verstappen: Driver profile*. Red Bull. https://www.redbull.com/es-es/athlete/max-verstappen

Richards, G. (2014, October 3). Max Verstappen becomes the youngest man to drive a
Formula One car. *The Guardian.*
https://www.theguardian.com/sport/2014/oct/03/max-verstappen-becomes-
youngest-man-to-drive-a-formula-one-car

Senna. (2023, October 10). *Carrer on the tracks*. Senna. https://senna.com/en/journey-
senna/career-on-the-tracks/

Silbermann, E. (2016, September 4). *Breakfast with ... Toto Wolff*. F1i. https://f1i.com/magazine/69794-breakfast-toto-wolff.html

Suhalka, M. (2022, June 28). *How F1 goat Sir Lewis Hamilton is breaking the barriers of*
*racing with phenomenal initiative*. Essentially Sports.
https://www.essentiallysports.com/f1-news-how-f1-goat-sir-lewis-hamilton-is-
breaking-the-barriers-of-racing-with-phenomenal-initiative/

The World Economic Forum. (2022, December 2). *How companies can support people with*
*disabilities at work*. World Economic Forum.
https://www.weforum.org/agenda/2022/12/4-ways-businesses-can-support-
employees-with-disabilities/

TN Deportivo. (2022, July 17). *A 27 años de la muerte de Juan Manuel Fangio, cómo fueron sus cinco títulos.* Todo Noticias. https://tn.com.ar/deportes/automovilismo/2022/07/17/a-27-anos-de-la-muerte-de-juan-manuel-fangio-como-fueron-sus-cinco-titulos/

Traducciones, L. (2021, April 29). *Ayrton Senna: Karting years.* Ayrton Senna. https://www.ayrton-senna.net/ayrton-senna-karting-years/

V., J. (2009, September 3). *Alonso: "Tuve una infancia muy feliz."* Sport. https://www.sport.es/es/noticias/motor/formula1/alonso-tuve-infancia-feliz-809640

Watson, F. (2021, September 14). *Inside Schumacher and Senna feud as German left "upset" by fellow F1 legend.* The Mirror. https://www.mirror.co.uk/sport/formula-1/michael-schumacher-ayrton-senna-netflix-24981121

Woodhouse, J. (2022, April 16). *Ferrari's Mattia Binotto learned how to be a leader from Michael Schumacher.* PlanetF1. https://www.planetf1.com/news/michael-schumacher-taught-mattia-binotto-leadership